Der Ehebooster

10 Ideen, damit deine Ehe ein Leben lang hält

Jens Kehlen
2017

Herstellung und Verlag:
BoD – Books on Demand, Norderstedt
ISBN 9783746011141

Inhalt

Vorwort

Welche Feiern gehören für dich zu den schönsten in deinem Leben? Wenn du mich fragst, zählen zu meinen absoluten Favoriten, neben tollen Geburtstagsfeiern und Sommerpartys, vor allem Hochzeiten. Sie sind für mich die schönsten Feste. Angefangen bei einer wunderschönen Trauzeremonie mit toller Musik über die Feier am Abend bis hin zu dem köstlichen Buffet und den Begegnungen mit langjährigen Freunden und Bekannten. Es gibt kaum ein Fest, das Hochzeiten das Wasser reichen kann.

Im Laufe meines Lebens durfte ich sehr häufig als Gast und oftmals auch als Redner bei unzähligen Trauungen dabei sein. Nicht zuletzt – das will ich nicht vergessen – war ich als Bräutigam bei meiner eigenen Hochzeit.

Keine Trauung, egal wie viele ich schon erlebt habe, gleicht der anderen. Manche heiraten pompös in einem Schloss, andere in ihrem Garten, wieder andere in der Kirche oder an einem ganz besonders ausgefallenen Ort. Einige Paare legen viel Wert auf eine tolle Location und eine festliche Atmosphäre, andere wiederum feiern schlicht und in lockerer Kleidung mit Bier und Currywurst.

Bei aller Unterschiedlichkeit haben alle Hochzeitsfeiern doch eine Gemeinsamkeit: Sie sind der Startschuss für ein Leben zu zweit. Deshalb ist die Stimmung auf Hochzeiten stets so unvergleichlich schön. Es sprüht dort förmlich vor Leben und Optimismus. Denn ein bis in die Haarspitzen verknalltes Paar startet voller Zuversicht, Freude und großer Träume in eine gemeinsame Zukunft. Das ist der Grund dafür, weshalb ich Hochzeitsfeiern so sehr liebe.

Leider wurde meine romantische Vorstellung von Hochzeiten im Sommer 2012 für immer infrage gestellt. Ich musste feststellen, dass eine harmonische und ausgelassene Hochzeitsfeier allein nicht der Garant für eine dauerhafte und glückliche Partnerschaft ist. Das mussten meine Frau und ich im nächsten Umfeld selbst miterleben. Unser romantisches Bild von Hochzeiten bekam in diesem Jahr einen Riss.

Was war passiert? Zwei befreundete Paare, die im selben Jahr wie wir geheiratet hatten, standen nun kurz vor ihrer Scheidung. Ich erinnere mich noch gut an ihren gemeinsamen Start. Alles sah so vielversprechend aus. Wir alle gingen davon aus, dass sie ein Leben lang glücklich miteinander werden würden. Doch nach gut zwei Jahren begann bei beiden Paaren die Ehe langsam, aber sicher zu bröckeln. Kurz darauf folgte das große Desaster: Sie ließen sich scheiden.

Zurück blieb ein großer Scherbenhaufen aus Verletzungen, Enttäuschungen, gegenseitigen Schuldzuweisungen und Terminen beim Scheidungsanwalt. Nicht zu vergessen: traurige Familien und fassungslose Freunde. Sie waren ein weiteres Paar in der Scheidungsstatistik, eine von 40 Prozent der geschiedenen Ehen in Deutschland. Für jeden traurigen Eintrag in der Statistik steht ein Ehepaar, das wie unsere Freunde gedacht hatte: So etwas kann uns nicht passieren! Den anderen vielleicht, aber wir kriegen das schon hin. Wir werden für immer glücklich sein und gemeinsam durch Höhen und Tiefen gehen und zusammen alt werden.

Die Fragen, die mich seitdem immer wieder umtreiben und die mich motiviert haben, dieses Buch zu schreiben, lauten: Kann mir das auch passieren? Warum verlaufen einige Ehen im Sande, während andere Paare immer noch verliebt und voller Freude ihre Ehe genießen? Was kann ich tun, damit meine Ehe nicht Teil der traurigen Statistik wird? Wie schaffe ich es, dass meine Ehe von Jahr zu Jahr schöner und vertrauter wird?

Diesen Fragen möchte ich mich in diesem Buch stellen. Ich möchte eine Antwort auf die Frage geben, wie ein Ehepaar es schaffen kann, sich dennoch innig verbunden zu bleiben – trotz zahlreicher Höhen und Tiefen des Zusammenlebens. Nun ist jede Beziehung sehr komplex und es gibt keine Universallösung für eine gute und glückliche Ehe. Dennoch scheint es bestimmte Faktoren zu geben, die bei nahezu allen glücklichen Paaren in verschiedenen Ausprägungen vorhanden sind. Anhand meiner Beobachtungen und Erlebnisse werde ich dir, liebe Leserin und lieber Leser, zehn wertvolle Ideen unterbreiten, wie deine Ehe ein Leben lang hält.

Diese Ideen werden hoffentlich dazu beitragen, dass aus der schönen Anfangszeit eine feste, stabile und tragfähige Ehe wird. Denn eine Ehe sollte nicht nur irgendwie über Wasser gehalten werden, sondern von Jahr zu Jahr besser werden. Davon bin ich überzeugt und dafür habe ich dieses Buch geschrieben. Es soll mir und dir Anregungen für unsere Beziehung geben.

Ich wünsche uns allen, egal ob jung oder schon jahrelang verheiratet, eine geniale Ehe, die jedes Jahr vertrauter und schöner wird! Ich wünsche dir und mir eine Ehebeziehung, die eine Inspiration für unsere Kinder und für viele unserer Freunde sein kann! Nicht weil wir besser sind als andere, sondern weil wir auf die richtigen Dinge in unserer Beziehung achten, weil wir uns weiterentwickeln wollen. Wie wäre es, wenn unsere Kinder eines Tages zu uns kommen und uns sagen: „Mama, Papa, so wie ihr eure Ehe geführt habt, so wollen wir das auch. Ihr seid zwar nicht perfekt, aber ihr seid mir eines der größten Vorbilder. Meine Ehe soll genauso stark sein wie eure."

Bei dem Gedanken daran, dass meine Tochter eines Tages so über unsere Ehe spricht, entflammt in mir eine enorme Motivation, das Beste in meiner Ehe zu suchen und alles daranzusetzen, dass meine Ehebeziehung stark und fest bleibt. Sie soll als Vorbild für meine Kinder dienen. Ja, eine Ehe vital und sprudelnd zu halten, kostet Zeit und Kraft. Wir müssen in sie investieren. Aber es lohnt sich! Wir können alles gewinnen.

Dieses Buch ist kein typischer Eheratgeber, sondern ein „Ehebooster". Ich stelle dir kleine Aufgaben und Fragen, damit du die Ideen direkt auf deine Partnerschaft übertragen und in deinem Alltag anwenden kannst. Vielleicht steht demnächst ein Urlaub an und du liest dieses Buch gemeinsam mit deinem Partner oder deiner Partnerin?

Ich bin fest davon überzeugt, dass jedes Ehepaar eine dauerhafte, glückliche und vertrauensvolle Ehe führen kann, die Höhen und Tiefen übersteht und in der beide Partner selbst nach vielen Jahren noch voller Begeisterung von ihrem Partner sprechen. Das wünsche ich dir und mir von ganzem Herzen. Wie kannst du das erreichen? Indem du die 10 Ideen aus diesem Buch beachtest und in deinen Alltag integrierst! Also, worauf wartest du noch? Nichts wie los!

Achte auf deine Gedanken,
denn sie werden zu Worten.

Achte auf deine Worte,
denn sie werden zu Handlungen.

Achte auf deine Handlungen,
denn sie werden zu Gewohnheiten.

Achte auf deine Gewohnheiten,
denn sie werden dein Charakter.

Achte auf deinen Charakter,
denn er wird dein Schicksal.

– Charles Reade –

Ehebooster Nr. 1
Wie du über deine Beziehung denkst, bestimmt die Richtung deiner Ehe!

Stell dir vor, wir sitzen einander in einem schönen Café gegenüber und tauschen uns über unsere Hochzeit und unsere Ehe aus. Welche Antwort würdest du mir auf die Frage geben: „Warum hast du geheiratet? Was waren deine Beweggründe, nicht nur als befreundetes Paar zusammenzubleiben, sondern den Entschluss zu fassen, als Ehepaar in eine gemeinsame Zukunft zu starten?"

Wenn du mich fragst, hätte es einige Zeit gedauert, bis ich dir diese Frage hätte beantworten können. Mir war lange nicht bewusst, weshalb ich geheiratet hatte. Noch kurz vor meiner eigenen Hochzeit fragte ich mich: „Ich werde meine Freundin bald heiraten, aber was hat es eigentlich damit auf sich, wenn ich sie bitte, meine Frau zu werden?" Ja klar, ich war verliebt und wollte für immer mit meiner Partnerin zusammen sein. Die logischen nächsten Schritte waren die Verlobung und die anstehende Hochzeit. Aber mir war lange nicht klar, wozu ich eigentlich Ja sagen würde.

Als Trauredner lerne ich viele Paare kennen und auch ihnen stelle ich diese eine Frage: „Warum wollt ihr eigentlich heiraten?" In den Trauegesprächen stelle ich immer wieder fest, dass die verschiedensten Ansichten über die Ehe bei den einzelnen Paaren existieren. So gibt es einige, die sagen: „Nun sind wir endlich eine Familie." Andere meinen: „Das war der logische Schritt in unserer Beziehung." Nicht nur bei den verschiedenen Paaren gibt es unterschiedliche Vorstellungen, warum sie heiraten wollen. Teilweise liegen die einzelnen Vorstellungen ziemlich weit auseinander und das Paar ist sich nicht einig, kann also nicht genau sagen, warum es heiraten will.

So erging es auch Petra und Bernd: Petra und Bernd lernten sich im Studium kennen und verliebten sich direkt im ersten Semester ineinander. Es war für beide von Anfang an die große Liebe. Schon nach kurzer Zeit zogen sie in ihre erste gemeinsame Wohnung. Es stellte sich heraus, dass ihre Beziehung auch im Alltag harmonierte und sie außerordentlich gut miteinander auskamen. Sie verbrachten jede freie Minute miteinander und teilten ihre Leidenschaft für Reisen nach Italien.

In einem ihrer Urlaube machte Bernd seiner Petra schließlich den Antrag. Er hatte im Vorfeld die Ringe besorgt und wartete nur auf den richtigen Moment. Schließlich kniete er sich vor Petra hin und brachte folgende Worte über die Lippen: „Liebe Petra, wir sind jetzt schon so lange ein Paar und ich kann und will mir ein Leben ohne dich nicht mehr vorstellen. Ich möchte mit dir eine Familie gründen und den Rest meines Lebens verbringen, daher möchte ich dich gerne fragen: Willst du meine Frau werden?" Mit Tränen in den Augen und einem breiten Lächeln im Gesicht sagte sie: „Ja, das möchte ich gerne."

Nach dem Urlaub stürzten sich die beiden voller Tatendrang in die Vorbereitung ihrer Hochzeit. Als Unterstützer luden sie ihren Freund Max dazu ein, ihnen beim Verpacken und Versenden der Einladungskarten zu helfen. Mitten im Gewühl zwischen Schleifen und Briefumschlägen kam Max dann mit einer Frage heraus, die Petra und Bernd noch lange beschäftigte. Er fragte: „Ihr beide seid meine besten Freunde. Darf ich euch fragen, warum ihr eigentlich heiraten wollt? Ihr könntet schließlich auch so zusammenbleiben?" Bernd und Petra drucksten herum: „Gute Frage, das macht man eben einfach so und es war der nächste Schritt in unserer Beziehung!"

Was hättest du Max geantwortet? Warum sollte man heiraten? Warum ist es so wichtig, diesen Schritt zu gehen? Was bedeutet die Ehe überhaupt? Das ist gar nicht so leicht zu beantworten. Dennoch möchte ich versuchen, eine Antwort zu formulieren.

Was bedeutet die Ehe für dich?

Wir leben in einer Zeit, in der die Bedeutung der Ehe sehr unterschiedlich interpretiert wird. Für einige existiert die Ehe nur auf dem Trauschein, andere heiraten, weil es eine bewährte Tradition ist, und wieder andere betrachten die Ehe als eine mystische Verbindung. Eine Umfrage des Hochzeitsmagazins *Wolke 7* ermittelte folgende Gründe, die Paare zum Heiraten bewogen:[i]

Heiratsgründe	Prozent
Kindheitstraum	45 %
Finanzielle Sicherheit	43 %
Tradition	42 %
Kinderwunsch	41 %
Gemeinsames Wohnen	41 %
Hauskauf	28 %
Party	25 %
Religion	20 %
Steuererleichterung	16 %
Dem Partner einen Gefallen tun	9 %

Abbildung 1: Gründe für eine Heirat (Quelle: Hochzeitsmagazin Wolke 7)

Ein Blick in die Geschichte soll uns helfen, ein klareres Bild von der Ehe zu bekommen. In der Vergangenheit war die Ehe häufig ein Friedens- und Bündnisvertrag zwischen Sippen. Sie wurde vor allem aus rationalen Gründen geschlossen und diente nur diesem einen Zweck. Die Ehebeziehung aus Liebe einzugehen, war eher die Ausnahme. Im Mittelalter etablierte sich vermehrt die Institution der Ehe. Kinder sollten durch sie in einem sicheren Rahmen aufwachsen. Deshalb stellte die Kirche das Miteinander zwischen Mann und Frau unter einen besonderen Schutz. Sie schrieb somit erstmalig Rechte und Pflichten für die Ehepartner und die Familienangehörigen fest.

Mit der Zeit entwickelte sich aus der Ehe, die arrangiert wurde, um sich mit anderen Sippen zu vernetzen, eine Wirtschaftsverbindung – mit anderen Worten eine Versorgungslösung. Je nach Status der einzelnen Eheleute war diese Verbindung unerlässlich für das Überleben des Einzelnen. Erst im Zeitalter der Romantik führten Liebesromane (in der Tradition der mittelalterlichen Minnelieder) zu einem neuen Verständnis von der Ehe. Die Heirat aus Liebe wurde zunehmend idealisiert und romantisiert, wenn auch die Partnersuche weiterhin anhand sachlicher Kriterien wie Vermögen, Status, Herkunft und Familienpolitik angegangen wurde. Aus Liebe zu heiraten, ist also eine relativ junge Erscheinung.

Aufgrund der Kriege zu Beginn des 20. Jahrhunderts sehnten sich viele Menschen nach Ruhe, Ordnung und sicheren Verhältnissen. Als ideale Lösung im kleinen Rahmen erschien daher das Zusammenleben von Mann und Frau in einer Ehebeziehung. In den Zeiten wirtschaftlicher Unsicherheit und gesellschaftlicher Umbrüche hatte das Idealbild einer Ehe (Mann und Frau leben mit ihren Kindern in einem Eigenheim, die Familie ist der Lebensmittelpunkt des Zusammenlebens) in Deutschland einen enormen Zuspruch. Bis in die 1960er Jahre war es schlicht und einfach selbstverständlich zu heiraten. Eines der höchsten Ziele im Leben bestand darin, eine Familie zu gründen und in geordneten Verhältnissen zu leben.

Wenn eine Frau damals mit Mitte dreißig noch unverheiratet war, hatte sie einen schweren Stand in der Gesellschaft. Oftmals war sie Zielscheibe für Hohn und Spott. Es entstanden Gerüchte, da sie noch keinen Mann abbekommen hatte: Irgendetwas konnte mit dieser Frau nicht stimmen. Dagegen hatten Männer etwas mehr Zeit, sich fest in einer Ehe zu binden. Aber auch unverheiratete Männer hatten ihre Schwierigkeiten. Angefangen bei der Berufswahl über die Wohnungssuche bis hin zur öffentlichen Wahrnehmung war es für unverheiratete Menschen nicht leicht, in der damaligen Gesellschaft anerkannt zu werden.

Gegen dieses Verständnis wurde besonders in der 68er-Bewegung zunehmend rebelliert. Es folgten die Frauenbewegung und die sexuelle Revolution. Durch verschiedene Gesetzesänderungen wurde das Zusammenleben zunehmend liberaler betrachtet. So erfolgte zum Beispiel auch die gesetzliche Gleichstellung von Mann und Frau. Dies beinhaltete unter anderem das Recht der Frau, auch gegen den Willen ihres Mannes einen Beruf zu ergreifen und Karriere zu machen. Frauen wurden wirtschaftlich unabhängiger und damit vom Zwang befreit, einen Versorger finden zu müssen. Aufgrund dieser Entwicklungen, die nicht nur in Deutschland stattfanden, sondern auch in anderen Teilen der Welt, wurden Zweckehen immer seltener. Vielmehr stand die Heirat aus Liebe im Vordergrund. Wer wen heiratete, war nun eine freie Entscheidung.

Im 21. Jahrhundert hat die Ehe eine weitere Revolution erfahren. Wir befinden uns in einer Zeit, in der die Ehe eine Form des Zusammenlebens unter vielen ist. Es scheint egal zu sein, ob man verheiratet ist oder nicht. Viele Paare leben einfach zusammen, ohne den Schritt der Ehe einzugehen. Festzustellen ist, dass die Bedeutung der Ehe sehr stark von den gesellschaftlichen und kulturellen Rahmenbedingungen abhängig ist. Sie hat sich im Laufe der Zeit und der gesellschaftlichen Entwicklung konstant verändert und sie verändert sich immer weiter. Deshalb ist es sehr schwer, zu einer allgemeingültigen Aussage darüber zu gelangen, was die Ehe bedeuten soll.

Also was ist denn nun die Ehe? Eine wirtschaftliche Verbindung? Eine Verbindung von Sippen und Familien? Eine Lebensform unter vielen? Aus meiner Sicht ist letztlich nicht entscheidend, wie die Gesellschaft oder sonstige Institutionen die Ehe definieren. Viel wichtiger ist es, dass beide Ehepartner sich darüber einig sind, aus welchen Motiven und mit welcher Vision sie geheiratet haben.

Warum hast du geheiratet?

Bei allen Unterhaltungen, die ich mit Eheleuten geführt habe, die über Jahrzehnte glücklich verheiratet sind, stellt sich immer wieder heraus, dass sie mit den gleichen Vorstellungen ihre Ehe begonnen haben. Trotz all der unterschiedlichen Vorstellungen, die in ihrem Umfeld über die Ehe vorherrschen, teilen die Ehepartner dieselbe Sicht. Sie sind sich im Klaren darüber, wohin ihr Leben als Paar steuern soll. Auch wenn die Eltern und das Umfeld sicherlich zu unserem Verständnis von Ehe beigetragen haben, ist jedes Paar in der Verantwortung, für sich selbst die Ziele für die Beziehung festzulegen.

Eine Umfrage unter Ehepaaren ergab: In 96 Prozent der Fälle machen gemeinsame Lebensziele die Beziehung stark. Neben Vertrauen ist eine gemeinsame Vorstellung von der Ehe also der Grundpfeiler, auf dem eine stabile Beziehung aufbaut.[ii]

Vielleicht fragst du dich, warum das so wichtig ist. In schönen und leichten Zeiten ist es sicherlich kein Thema und unterschiedliche Vorstellungen von der Ehe spielen keine große Rolle. Aber wenn es um wichtige Lebensentscheidungen geht und Krisen bewältigt werden müssen, dann ist es essentiell, als Paar gemeinsam an einem Strang zu ziehen und der Ehe dieselbe Bedeutung beizumessen. Deshalb möchte ich dich dazu ermutigen, Folgendes auszuprobieren:

Der Blick nach vorne: Setze dich mit deiner Partnerin oder deinem Partner zusammen. Überlegt gemeinsam, was euch dazu veranlasst hat zu heiraten. Nehmt euch die Zeit und werft gemeinsam einen Blick in die Zukunft.

Wie soll eure Ehe in fünf, zehn oder 30 Jahren aussehen und nach welchen Werten wollt ihr dann leben? Das Leben ist kein Wunschkonzert und selbst die glücklichsten Paare können manche Dinge nicht ändern, aber eine gemeinsame Vision oder ein gemeinsames Ziel kann dir dabei helfen, deinen Partner nicht aus den Augen zu verlieren. Die Formulierung einer Vision ist von Natur aus ehrgeizig. Sie weckt Emotionen, bringt Hoffnung und Zuversicht ins Leben. Auch wenn du vielleicht ein Mensch bist, der eher im Hier und Jetzt lebt. Ein Blick in die Zukunft lohnt sich allemal.

Baue dir deine Traumfabrik: *Was möchtet ihr als Ehepaar gemeinsam erleben und erreichen? Wo soll eure Reise im Leben hingehen? Was sollen eure Kinder einmal über eure Ehe berichten? Nehmt euch einen Moment der Stille und werdet kreativ.*

Vielleicht dient euch folgende Vision als Inspiration:

„Unsere Ehe soll in zehn Jahren tiefer und vertrauter werden, als sie es jetzt ist. Wir wollen einander als Ehepaar in den Stärken unterstützen und alles möglich machen, damit unser Partner sich in seinen Gaben und seinen Interessen weiterentwickeln kann. Für uns sollen Offenheit und Ehrlichkeit die Grundpfeiler unseres Miteinanders sein. Wir versprechen einander, Probleme und Dinge, die uns stören, sofort anzusprechen. Wir wollen immer nach einer gemeinsamen Lösung suchen und den Ausstieg aus der Ehe niemals als Option betrachten. Wir wollen an unserer Ehe arbeiten, auf unsere Worte achten und immer füreinander da sein."

Übung

Kreuze an, aus welchen Gründen hast du geheiratet?

- ☐ Kindheitstraum
- ☐ Finanzielle Sicherheit
- ☐ Tradition
- ☐ Kinderwunsch
- ☐ Gemeinsames Wohnen
- ☐ Hauskauf
- ☐ Liebe
- ☐ Es war an der Zeit
- ☐ Bekenntnis nach außen
- ☐ Zusammenbleiben, bis der Tod uns scheidet
- ☐ _____

Schreibe auf, welches Verständnis du von der Ehe hast. Bitte deinen Partner, aufzuschreiben, welches Verständnis er oder sie von der Ehe hat.

_____

_____

_____

Formuliere eine Vision für deine Ehe.

_____

_____

_____

Ehebooster Nr. 2
Wie du deine Ehe auf Dauer stabilisierst!

Jedes Ehepaar sehnt sich nach einer erfüllten, fröhlichen und lebenslang andauernden Beziehung. Ein jeder ist motiviert und voller Hoffnung, bis zum Ende des Lebens zusammenzubleiben. Wohl kein Paar – zumindest nur ganz wenige – spielt beim Jawort mit dem Gedanken: Wenn wir uns wieder trennen, ist es auch nicht so schlimm. Sicherlich war und ist dein Anspruch an deine Ehe, dass diese Beziehung für immer halten soll. Oder kam dir jemals der Gedanke, dass Scheidung eine Option darstellen soll? Aber nur weil jedes Paar den Wunsch hat, für immer zusammenzubleiben, heißt das noch lange nicht, dass es auch so geschieht.

So erlebten es auch Silvia und Meik. Sie hatten alles, was man sich an Highlights im Leben nur wünschen konnte: Jedes Jahr in ihrer Ehe passierte ein neues großes Ereignis. Im ersten Ehejahr unternahmen sie ihre erste Kreuzfahrt in die Karibik. Im zweiten Ehejahr wurde Silvia schwanger und sie brachte einen Sohn zur Welt. Im dritten Jahr kauften sie sich ein Haus und Silvia wurde wieder schwanger. Obwohl all ihre Träume in Erfüllung gegangen waren, hatten sie doch das Gefühl, sich irgendwie auseinandergelebt zu haben. Plötzlich hatten sie einander nicht mehr viel zu sagen. Sie spürten eine große Distanz zueinander und sprachen sogar schon von Trennung. Sie fragten sich, wie ihnen das nur passieren konnte. Zwar probierten sie es noch ein paar Monate lang, aber schließlich kamen sie zu dem Schluss, dass eine Trennung unvermeidlich war.

Auch wenn ich kein zu schwarzes Bild malen möchte, ist es mir im Hinblick auf meine Familie ein großes Anliegen, die Tragweite von Trennungen und Scheidungen immer vor Augen zu haben. Denn wir leben in einer Zeit, in der Probleme häufig schöngeredet werden. Eheprobleme beschreiben wir mit Ausdrücken wie: Wir haben uns einfach auseinandergelebt. Wir benötigten einfach eine Veränderung. Es war Zeit für einen Neuanfang. Es hat einfach nicht sollen sein ... Aber die Realität trotzt den umschreibenden Worten auf knallharte Weise: Eine Scheidung kann selten beschönigt werden. Die vielen gebrochenen Menschen zeugen davon, wie schmerzhaft und traurig eine Trennung ist, sowohl für die Partner als auch für die Kinder.

Auch Silvia und Meik erlebten, welche weitreichenden Auswirkungen ihre Trennung für sie und ihre Kinder hatte. Als ihre Beziehung in die Brüche ging, zog Silvia mit den beiden Kindern zu ihren Eltern nach Norddeutschland. Meik blieb in der Nähe seiner alten Arbeitsstelle im Bergischen Land wohnen. Aber als guter Vater wollte er, sooft es ging, seine Kinder besuchen und regelmäßig Zeit mit ihnen verbringen. Von seinem mittleren Einkommen musste er nicht nur den Unterhalt, die Fahrtkosten und Geschenke für die Kinder, sondern mit Mühe und Not auch noch sein eigenes Leben finanzieren. Da blieb am Ende des Monats oftmals nicht viel Geld für andere Dinge übrig. Neben den finanziellen Engpässen begleitete ihn oft dieses Gefühl, in seinem Leben gescheitert zu sein. Auch wenn Silvia und Meik sich mittlerweile gut mit der Situation arrangiert haben, bleibt es eine ständige Herausforderung, diese Spannungen im Alltag auszuhalten. Vor allem die Kinder leiden sehr unter der räumlichen Trennung.

Wie du ein gemeinsames Fundament findest

Die folgenden Untersuchungen sollten uns mehr denn je motivieren, all unsere Aufmerksamkeit und Kraft in eine gesunde Familie und besonders in die Ehebeziehung zu stecken. Denn Statistiken zeigen, dass insbesondere Kinder unter einer Trennung sehr zu leiden haben. Sie müssen nicht nur die plötzliche Distanz von einer ihrer engsten Bezugspersonen verkraften, sondern sind auch herausgefordert, mit den potenziellen neuen Partnern zurechtzukommen. So erleben sie die unterschiedlichen Erziehungsstile sowohl von Vater und Mutter als auch von dem neuen Partner.

Dadurch werden Kinder enorm verunsichert, obwohl sie doch gerade in jungen Jahren verbindliche Grenzen und einheitliche Werte brauchen.[iii]

Natürlich gibt es Kinder, die sich gut an die neuen Verhältnisse anpassen, und nicht jede Scheidung muss in einem Desaster enden. Aber bei den meisten Scheidungskindern zeichnen sich laut den Untersuchungen im Laufe ihres Lebens einige tiefgreifende Belastungen durch die neuen Lebensumstände ab. So lässt sich bei ihnen ein vermehrter Stresspegel feststellen.

Kinder spüren oft sehr sensibel die emotionale und oft auch wirtschaftliche Belastung der Eltern, die insbesondere alleinerziehende Mütter besonders hart trifft. In unserem Bekanntenkreis gibt es einige alleinerziehende Mütter und Väter, und ihre persönlichen Geschichten sind herzzerreißend.

Falls du Kinder hast, ist das Beste, was du ihnen geben kannst, in erster Linie eine stabile und gesunde Partnerschaft. Sie dient deinem eigenen Wohlbefinden und dem deiner Kinder.

Das sollte uns alle mehr denn je motivieren, der Beziehung zu unserem Partner immer wieder neu die Priorität einzuräumen, die er oder sie verdient hat. Außerdem zeigt sich daran: Von der Qualität der Ehe hängt unglaublich viel ab. Es lohnt sich, die Familienbeziehungen und die Ehebeziehung besonders zu pflegen und in sie zu investieren, weil so gut wie alles mit der Ehebeziehung steht und fällt. Aber wie stellt man das nun am besten an? Einen Lösungsvorschlag möchte ich dir nun unterbreiten:

Ein leuchtendes Vorbild sind Waltraud und Anton. Die beiden sind ein süßes Pärchen, das seine Goldhochzeit schon lange hinter sich gelassen hat. In ihren mehr als 50 gemeinsamen Ehejahren haben sie so manche Stürme aushalten müssen. Die beiden sind sehr gastfreundlich und laden besonders gerne junge Menschen zu sich nach Hause ein. Eines Tages bekamen sie Besuch von einem jungen Ehepaar.

Waltraud und Anton erzählten dem jungen Paar von den Höhen und Tiefen ihres Lebens: von den Erlebnissen im Krieg, dem Umgang mit Armut und Krankheiten und davon, wie sie als Ehepaar alles gemeinsam durchgestanden haben. Im Laufe ihrer Erzählung platzte es plötzlich aus dem jungen Ehepaar heraus: „Ihr beide habt so viel miteinander erlebt und trotz all der Schwierigkeiten seid ihr immer noch ein glückliches Ehepaar. Was ist euer Geheimnis?" Anton sah ihnen tief in die Augen und sagte: „**Unser größter Dank gilt Gott, denn unser Glaube festigt das Fundament unserer Ehe.** Gott war unser Leben lang treu zu uns, und weil er unser Vorbild und Anker ist, leben wir das auch im Umgang miteinander. Wir sind davon überzeugt, dass Gott die Ehe als ideale Lebensgemeinschaft erdacht hat. Damit Menschen ein Leben lang zusammenbleiben und gemeinsam alles durchstehen. Er schützt unsere Familie. **Bis dass der Tod uns scheidet, ist die Grundannahme unserer Ehe.**

Für uns ist die Ehe nicht nur ein bloßes Zusammensein oder eine logische Konsequenz. Die Ehe gehört auch nicht einfach zum Leben dazu, sondern es ist ein lebenslanges Versprechen, das wir einander vor Jahrzehnten gegeben haben. **Scheidung ist für uns keine Option.** Das heißt für uns, dass wir jedes Problem lösen müssen, egal wie groß oder klein es auch sein mag. Diese gemeinsame Basis ist auf der einen Seite ein großer Anspruch, auf der anderen Seite aber ist es eine riesige Motivation. **Wir suchen immer nach einer Lösung.** Wir haben uns damals voreinander und vor Gott verpflichtet, immer füreinander da zu sein und in guten wie in schlechten Tagen zueinanderzustehen. Das bedeutet, dass wir den anderen in unsere Gedanken miteinbeziehen, dass wir einander gegenseitig fördern, entlasten und ermutigen.

Das Leben bedeutet Veränderung. Ständig gibt es neue Umstände wie einen Berufswechsel, Kinder, neue Freunde. Auch bestimmte Einstellungen ändern sich. Aber die Ehe ist darauf ausgelegt, bis zum Tod bestehen zu bleiben. Es gibt nichts Vergleichbares! Die Ehe ist für immer!"

Als ich von Anton und Waltraud hörte, dachte ich an meine eigene Hochzeit zurück. Ich stellte mir also die Frage: Was ist denn unser gemeinsames Fundament? Sind es dieselben Interessen, die Hobbys oder der Freundeskreis? Nein! Ihr Verständnis von der Ehe führte mir noch einmal neu vor Augen, wozu ich eigentlich Ja gesagt hatte. **Die Ehe ist eine dauerhafte, bis zum Lebensende andauernde Verbindung, die aus freiwilliger Entscheidung und Liebe eingegangen wird.** Das ist ein hohes Ideal, aber im Hinblick auf die Ehe sind hohe, ehrgeizige Ziele eine gute Ausrichtung. Sie helfen, gerade auch schwere Zeiten gut zu meistern. Auf dieser Basis kannst du eine solide Ehebeziehung aufbauen.

(Die Ehe ist eine dauerhafte, bis zum Lebensende andauernde Verbindung.)

Bist du bereit, immer nach einer Lösung zu suchen?

Wer mit der Einstellung in seine Ehe startet, dass Scheidung niemals zur Option stehen wird, hat einen hohen Anspruch an sich selbst und seine Beziehung. Wer weiß denn schon, was das Leben noch so alles mit sich bringt? Was ist, wenn sich dein Partner – oder du selbst – verändert? Ja, die Zeiten ändern sich oder besser: Zeiten ändern dich! So drückte es der Rapper Bushido in einem seiner Lieder aus. Und er hat Recht. **Wir alle verändern uns, entwickeln uns weiter und erlernen neue Denk- und Verhaltensweisen.** Nach fünf bis zehn Jahren sind du und dein Partner nicht mehr dieselben. Ihr werdet euch verändert haben. Dein Partner wird nicht mehr derselbe Mensch sein, den du geheiratet hast, sondern er wird sich (hoffentlich) weiterentwickelt haben. Aber das muss ja nicht zwangsläufig bedeuten, dass ihr euch auseinanderentwickeln werdet. **Gemeinsam werdet ihr nach Lösungen suchen, um diese Veränderungen auszuhalten.** Denn ihr habt einander schließlich das Versprechen gegeben, bis zum Tod zusammenzubleiben.

> *„Wir wurden in einer Zeit geboren, in der man kaputte*
> *Dinge reparierte, anstatt sie wegzuwerfen."*
> *(Zitat eines alten Ehepaares)*

Aber ein lebenslanges Versprechen ist momentan nicht mehr zeitgemäß. Das Versprechen „Bis dass der Tod uns scheidet" wird bei manchen Eheversprechen nicht mehr gegeben, weil es heißt: „So eine Wortwahl ist nicht mehr zeitgemäß. Das ist ein viel zu hoher Anspruch, wer kann dem denn schon gerecht werden?" So einigt man sich auf den Begriff eines Lebensabschnittsgefährten. Klar, der Wunsch, für immer zusammenzubleiben, ist bei allen Paaren vorhanden. Aber wenn es mal nicht so optimal läuft, kann man die Reißleine ziehen und an anderer Stelle sein Glück versuchen. Doch dafür ist Ehe, meiner Meinung nach, nicht gedacht. **Es geht weniger darum, stoisch eine Regel zu verfolgen, sondern**

vielmehr darum, eine innere Grundhaltung und Einstellung zur Ehe zu entwickeln. Mir hat das Bild von der Treue zu einem Fußballverein sehr geholfen, die Tragweite der Ehebeziehung zu verstehen. Diese Vorstellung dient mir gerade in schwierigen und nervigen Zeiten als Motivation, die Treue als oberstes Fundament in unserer Beziehung aufrechtzuerhalten.

Ich weiß nicht, ob du ein Fußballfan bist. Das Kennzeichen von einem wahren Fan ist, dass er niemals die Hingabe für seinen Verein aufgibt oder sich für eine andere Mannschaft entscheidet. Kein echter Fan wechselt den Verein, wenn dieser mal schlecht spielt oder gar absteigt. Ich bin immer wieder begeistert davon, mit welcher Hingabe ein echter Fan zu seiner Mannschaft stehen kann. Ja, es gibt Zeiten, da wird über die Spieler, den Trainer und den Fußball insgesamt geschimpft. Es fließen Tränen, wenn die Mannschaft verliert. Aber ein wahrer Fan wechselt niemals seine Mannschaft, nur weil sie nicht erfolgreich ist. Er bleibt seinem Verein ein Leben lang treu. Was würde es bedeuten, wenn du diese Haltung auch auf deine Ehe übertragen würdest?

Wenn du dich ständig nur mit Fehlern der Vergangenheit beschäftigst, übersiehst du, dass die Welt sich weitergedreht hat. Verweile also nicht zu lange in der Vergangenheit. Erkenne die Probleme und ärgere dich darüber. Dann aber mache einen Haken daran und wage einen Blick in die Zukunft. Schuldzuweisungen sind meist kontraproduktiv. Solange du dich nur auf die Probleme konzentrierst, befindest du dich in einem Hamsterrad. Bedenke den Spruch: Aus Fehlern wird man klug!

Lasse aus Schwierigkeiten neue Chancen entstehen und versuche beim nächsten Mal einen neuen Ansatz: Probiere einen Perspektivwechsel aus! Sage nicht: „Ich möchte weg von xy." Sondern wünsche dir etwas, setze dir ein Ziel und sage: „Ich möchte hin zu xz." Die Motivation steigert sich, indem du neue Wege gehst!

Übung

Überlegt gemeinsam, welches Fundament eure Ehe hat.
Schreibt es auf!

_____

_____

_____

_____

_____

_____

Beantwortet bitte die folgende Frage: Hat die Aussage „Bis
dass der Tod uns scheidet" eine Bedeutung für euch?

_____

_____

_____

_____

_____

_____

Ehebooster Nr. 3
Welchen Einfluss die Ehe
auf deinen Charakter hat!

Was waren deine Vorstellungen von der Ehe, bevor du geheiratet hast? Ich bin mit der Vorstellung in die Ehe gestartet, glücklich zu sein. Ich wünschte mir, dass sich meine Lebensqualität schlagartig verbessern würde. Ich malte mir den schönen Alltag als Ehepaar aus und hatte Bilder von romantischen Stunden zu zweit vor Augen. Das Ideal der Ehe war geprägt von dem Gedanken, dass ich von nun an immer jemanden an meiner Seite haben würde, mit dem ich meine tiefsten Ideen teilen kann. Dass eine Ehe auch Arbeit und Investition bedeutet, war mir schon irgendwie klar, aber wie schwer es sein würde, sich zurückzunehmen zum Wohle des anderen, das lernte ich in den ersten Beziehungsjahren auf die harte Tour.

Wir waren seit einiger Zeit ein Paar. Nach der anfänglichen Schmetterlingszeit fielen uns immer mehr Dinge aneinander auf, die wir nicht so optimal fanden. Es kamen immer mehr Unterschiede zum Vorschein und wir erlangten einen Punkt, an dem wir beide überlegten, ob diese Beziehung auf Dauer Sinn ergeben würde. Wir waren doch so unterschiedlich und keiner von uns ließ sich so leicht verändern. Es gab viel Frust und Enttäuschung und es stauten sich Gedanken und Überlegungen in uns auf. Wir überlegten, ob es nicht vielleicht irgendwo einen Menschen gäbe, der noch besser zu uns passen würde. Aber wir liebten einander und wollten unsere Beziehung nicht einfach so aufgeben. Klar war nur, dass sich etwas gravierend ändern musste. Und das tat es zum Glück auch.

Wir kamen darin überein, dass ein Zusammenleben erst gelingen könnte, wenn wir lernen würden, selbstlos zu sein. Wir waren gezwungen, uns zurückzunehmen und neben unseren eigenen Bedürfnissen besonders das Wohl des Partners im Blick zu behalten. In einer Ehe und Familie musst du zwangsläufig lernen, dich zurückzunehmen, sonst funktioniert das ganze Familienleben nicht.

Wir hatten damals für unsere Hochzeit bewusst einen Trauspruch gewählt, der uns immer wieder daran erinnern sollte.

(3) Weder Eigennutz noch Streben nach Ehre sollen euer Handeln bestimmen. Im Gegenteil, seid bescheiden, und achtet den anderen mehr als euch selbst. (4) Denkt nicht an euren eigenen Vorteil, sondern habt das Wohl des anderen im Auge.
(Philipper 2, 2-3)

Das ist ein guter Leitfaden. Doch warum fällt es uns so schwer, das im Alltag umzusetzen? Es gab Zeiten – und ehrlicherweise gibt es sie heute noch –, in denen wir versuchten, den anderen nach unseren Vorstellungen zu ändern. Wir waren egoistisch. Aber der erste Schritt zur Veränderung war das Eingeständnis: **Mein Partner ist anders. Er ist nicht für mein Wohlbefinden verantwortlich.** Natürlich habe auch ich immer wieder unterschiedliche Erwartungen an meinen Partner, aber eine Sache hat sich mittlerweile gravierend verändert: Ich erwarte nicht mehr, dass meine Frau so sein muss, wie ich mir das vorstelle. Meine Frau ist nicht dafür verantwortlich, mich glücklich zu machen. Gleichzeitig bin ich nicht für das Glück meiner Frau zuständig. Vielmehr dient unsere Ehe dazu, unseren Charakter zu schleifen und uns zu lehren, dass es im Leben eben nicht nur um unsere eigenen Bedürfnisse geht.

Doch warum fällt es so schwer, sich bewusst für das Wohl des anderen zurückzunehmen? Warum betrachten wir unsere Beziehungen in erster Linie als Ort, an dem es um unsere Bedürfnisse geht? Um diese Fragen zu beantworten, lohnt sich ein Blick auf unsere Gesellschaft.

Der Zwang, sich selbst zu optimieren

Im Jahr 2016 wurde Michael Nast mit seinem Buch „Generation Beziehungsunfähig" landesweit berühmt.[iv] In diesem Bestseller beschreibt er die Generation der sogenannten Millennials oder auch die Generation Y, die in der Zeit zwischen 1980 und 2000 geboren wurde, wie folgt: „Keine Generation ist so zwanghaft in dem Bewusstsein aufgezogen worden, etwas Besonderes zu sein, wie die heutige. Darum war in keiner Generation der Wunsch so groß, sich selbst zu verwirklichen." (Nast 2016)

Wir befinden uns also in einem anhaltenden Zustand der Selbstoptimierung. Wir wissen, dass alles noch viel besser werden kann. Bis es perfekt ist. Das Problem mit dem Perfekten ist allerdings, dass dieser Zustand nie erreicht werden kann.

Die Beziehungs- und Bindungsunfähigkeit, von der heutzutage so viel geredet wird, ist nichts anderes als das Streben nach universeller Selbstverwirklichung, nach vermeintlicher Perfektion. Sie zeigt sich im Berufsleben und besonders in den Beziehungen zu anderen Menschen. Niemand will sich mehr in seinem Selbstverwirklichungsprozess eingeengt fühlen. Und erst recht möchte niemand von Beziehungsproblemen abgelenkt werden. In Michael Nasts Einschätzung zum heutigen Verständnis von Beziehungen finde ich mich nicht selten wieder und mich macht dieser Umstand traurig. Unterm Strich kommt der Autor nämlich zu dem Schluss, unsere Generation gehe davon aus, die ganze Welt würde sich nur um uns drehen. Das Beste ist gerade gut genug für uns.[v]

(Wir befinden uns also in einem anhaltenden Zustand der Selbstoptimierung. Wir wissen, dass alles noch viel besser werden kann. Bis es perfekt ist.)

Falsche oder übertriebene Erwartungen an den Partner

Auch wenn der Grundgedanke sicherlich nicht falsch ist und jeder Mensch dazu ermutigt werden sollte, das Beste aus sich und seinem Leben zu machen, führt diese Einstellung aber leider häufig zu einer großen Unzufriedenheit mit dem Ist-Zustand. Gerade der Maßstab, der an Beziehungen gelegt wird, ist problematisch. Denn niemand kann ihn erfüllen. So erlebten das auch Andreas und Lena.

Andreas und Lena waren noch nicht lange ein Paar, aber es war für sie die große Liebe. Sie lernten sich bei ihrem Work&Travel-Aufenthalt in Neuseeland kennen und verliebten sich Hals über Kopf ineinander. Zurück in der Heimat, zogen sie zusammen und nach nicht einmal sieben Monaten heirateten die beiden. Es war eine Märchenhochzeit: Schloss, Livemusiker aus dem Ausland und eine Flitterwochenreise in die Südsee. Doch nach nur einem Jahr als Ehepaar kamen die ersten großen Probleme auf, sodass Lena und Andreas schließlich einen Eheberater aufsuchten. Lena äußerte in dem Gespräch: „Irgendwie ist die schöne Zeit vorbei. Andreas macht mich gar nicht mehr glücklich. Er ist so anders in der Ehe, als ich mir das vorgestellt habe." Sie zählte all die Gründe auf, weshalb Andreas sie unglücklich mache, und plötzlich schoss es aus dem Berater heraus: „Ich habe alle Ihre Punkte gehört, aber eine Tatsache dürfen Sie niemals aus den Augen verlieren: **Die Aufgabe Ihres Partners ist es nicht, Sie glücklich zu machen!** Dieser Anspruch ist zum Scheitern verurteilt. Ich weiß, es klingt im ersten Moment etwas seltsam, aber wenn Sie sich von dieser Vorstellung lösen, werden Sie auch den Erwartungsdruck an Ihren Partner los."

Die Menge an Streit in unseren Beziehungen kann ziemlich schnell auf ein Minimum reduziert werden, wenn wir uns Folgendes fragen: Warum ergibt sich so oft Unzufriedenheit in unserem Miteinander? Die kurze Antwort lautet: Erwartungen! Wenn der

Partner die Erwartungen nicht erfüllt, stellt sich Frust ein. Erwartungen sind immer subjektiv und unterscheiden sich von Person zu Person. Einige erwarten vielleicht, dass der Partner immer den Müll hinausbringt, während der andere jeden Morgen fest damit rechnet, gemeinsam zu frühstücken. Das Problem mit der Erwartung ist das gleiche wie mit der Meinung – jeder hat eine! Und meistens stimmt sie nicht mit der des anderen überein. Das ist die Geburtsstunde von Streitigkeiten.

Wenn unser Fokus auf den unterschiedlichen Erwartungen liegt anstatt auf den guten Dingen, die der Partner tut, ist ein Konflikt unvermeidlich. Die Art und Weise, wie zwei Menschen die Handtücher falten, mag unterschiedlich sein, aber ist die eine Art richtiger als die andere? Natürlich nicht. Wer die Andersartigkeit seines Partners nicht zu schätzen weiß, wird frustriert werden und stets aufs Neue Enttäuschung erleben. Glücklicherweise gibt es auch eine Lösung.

Beginne damit, die Andersartigkeit deines Partners zu begrüßen und wertzuschätzen. Beobachte deinen Partner aufmerksam und entdecke die vielen tollen Eigenschaften an ihm. Auch wenn es sicherlich einige Dinge gibt, die dein Partner verändern könnte, entscheide dich dafür, nicht an negativen Gedanken festzuhalten. Versuche stattdessen bewusst das Beste für den anderen zu tun und stets auf die tollen Eigenschaften fokussiert zu bleiben. Übe dich darin, mehr zu investieren als haben zu wollen.

Das klingt erst einmal nach einem unfairen Deal. Vielleicht hast du Angst, dass dein Partner dieses Engagement nicht zu würdigen weiß? Aber ist nicht so gut wie alles eine Frage der Perspektive? Ich bin fest davon überzeugt, dass gerade in unserer heutigen Zeit, in der wir an allen Ecken und Enden eingetrichtert bekommen, dass es nur ums uns geht, wir uns ständig etwas Gutes tun sollen und uns nehmen sollen, was wir wollen, diese Änderung der Einstellung heilsam ist. Wir sollten besonders in unseren Ehen und Beziehungen umdenken und den Fokus darauf richten, mehr zu geben als zu nehmen. Wenn dieses Prinzip – immer das Beste für den anderen zu suchen – in unseren Ehen konstant Einzug hat, wird die Beziehung ein neues Level von Glück erreichen. Es ist alle Mühe wert!

Lerne, zufrieden mit dem Ist-Zustand zu sein: Es gibt kaum etwas Nervigeres, als mit unzufriedenen Menschen seine Zeit zu verbringen. Sicherlich kennst du auch in deinem Umfeld solche Personen, die an allem etwas auszusetzen haben. Schwierig wird es, wenn du diese Person bist. Aber darin steckt auch eine große Chance, denn der einzige Mensch, den man verändern kann, ist man selbst.

Ein Zusammenleben mit einer ständig nörgelnden Person wird die Beziehung auf Dauer belasten, und dabei gibt es ein ganz einfaches Tool, um dem entgegenzuwirken: Dankbarkeit. Sei dankbar für deine Partnerschaft, für deine Lebensumstände, dankbar für alles, was dir im Alltag begegnet. An vielen äußeren Dingen können wir nichts ändern, aber wir können unsere innere Einstellung anpassen und auf Dankbarkeit programmieren. Wir alle streben nach Glück und Zufriedenheit in unserem Leben, dabei ist es relativ einfach, im Hier und Jetzt ein zufriedener Mensch zu werden.

Übung

Starte und beende jeden Tag mit einer einfachen Übung: Überlege dir drei Dinge, für die du am Morgen dankbar bist.

1. _____
2. _____
3. _____

Am Abend fokussierst du auf die Dinge, die gut gelaufen sind. Sprich nicht über die Misserfolge, sondern über gute Dinge.

Schreibe auf, in welcher Situation du deinem Partner heute mit Großzügigkeit begegnen kannst.

_____
_____
_____
_____

Überlege dir, in welchen Bereichen du dich zurücknehmen solltest.

_____
_____
_____
_____

Ehebooster Nr. 4
Wie du die Zeit füreinander
nicht aus dem Blick verlierst!

Wie beschäftigt bist du in deinem Leben? Findest du in deinem Alltag genug Zeit für die wesentlichen Dinge? **Wir alle können unserem Leben nicht mehr Zeit hinzufügen, aber unserer Zeit mehr Leben.** Auch wenn wir alle herausgefordert sind, das Beste aus den verbleibenden 24 Stunden am Tag zu machen, und viele Bälle gleichzeitig jonglieren müssen, gibt es keine größere Aufgabe, als in unsere Ehe und Familie Zeit zu investieren. Was wäre das für ein Leben, wenn wir den richtigen Dingen unsere Aufmerksamkeit schenken?!

Meine Frau und ich hätten uns niemals träumen lassen, dass eines Tages unser Zeitmanagement vollkommen aus dem Ruder laufen würde. Meine Frau und ich verbrachten schon vor unserer Ehe viel Zeit miteinander. Wir teilten dieselben Hobbys, hatten denselben Freundeskreis, studierten dieselbe Fachrichtung und unternahmen fast alle Aktivitäten gemeinsam. Niemals hätten wir uns vorstellen können, dass mangelnde Zweisamkeit jemals zu einer Herausforderung für uns werden könnte – bis sich plötzlich doch einiges änderte.

Es begann alles mit dem Umzug in eine neue Stadt. Damit verbunden war der Wechsel in neue Arbeitsbereiche, die uns stark einspannten. Einige Zeit später kam unsere Tochter zur Welt, die unseren Alltag noch mal ganz neu aufmischte und unser Zeitmanagement komplett über Bord warf. Ich erinnere mich noch gut an die Anfangszeit unseres neuen Familienlebens zurück. Auf der einen Seite waren wir damals so glücklich und konnten uns nichts Schöneres vorstellen, als endlich Eltern zu sein. Auf der anderen Seite gab es kaum eine so anstrengende und manchmal auch nervenaufreibende Zeit.

Unsere Tochter stellte so ziemlich alles auf den Kopf! Wir mussten unsere Prioritäten neu ordnen. Oft genug brachte uns das an unsere Grenzen. (Wenn du selbst kleine Kinder hast, dann weißt du sicherlich, wovon hier die Rede ist.) Langsam und unmerklich schlich sich ein sehr ungesundes Verhalten bei uns ein, denn wir kümmerten uns bald nur noch um organisatorische Dinge. Unsere Kommunikation drehte sich fast ausschließlich um Themen wie Beruf, Haushalt, Kindererziehung und sonstige Verpflichtungen. Die Intensität unserer Gespräche nahm ab und auch die Zeit zu zweit wurde von Mal zu Mal weniger. Wir kamen uns vor wie in einer Firma, die das Tagesgeschäft am Laufen halten muss.

Obwohl wir merkten, dass dieser Zustand alles andere als optimal war, machten wir einfach weiter wie bisher und erhöhten sogar das Tempo. Wir redeten uns ein: „Wir haben doch früher unsere Zeit gut organisieren können, das kriegen wir schon hin." Bis wir eines Tages feststellten, dass wir eigentlich nur noch wie in einer Wohngemeinschaft funktionierten. Diesen Zustand wollten wir nicht akzeptieren. Wir mussten dringend etwas ändern.

Es geht im Folgenden also um die Frage, was du tun kannst, damit das nicht passiert. Wie kannst du – besonders im Alltag – die Beziehung pflegen? Und wie kommen weder du noch deine Beziehung unter die Räder?

Wie du dem Alltagstrott entkommst

Die meisten von uns haben einen ziemlich vollen Alltag. Wenn du dich in der Lebensphase zwischen 30 und 40 befindest, kennst du vielleicht Momente, in denen du das Gefühl hast, einfach nur zu funktionieren. Das Leben rauscht rasend schnell an dir vorbei. Gerade wenn du kleine Kinder hast, bist du voll eingespannt. Du hast so viel um die Ohren und hetzt nur so durchs Leben. Doch warum lassen wir uns überhaupt so hetzen? Was ist eigentlich unser Problem?

Die Generation zwischen 30 und 40 Jahren befindet sich gerade in der Rushhour ihres Lebens. Alles passiert gleichzeitig! Oftmals ist das die Phase der Familiengründung. Zugleich werden in dieser Zeit die Weichen für die Karriere gestellt. Neben einem Ehepartner und kleinen Kindern fordern der Beruf und der Freundeskreis neben Kraft und Energie vor allem unsere Ressource Zeit. Heirat, Kinder, Hobbys und Job sollen nun unter einen Hut gebracht werden. Wir wollen Kinder bekommen, den Chef zufrieden stellen, Zeit für Sport und Freunde finden und vielleicht ein Haus bauen. Es gleicht oft einem Leben auf der Überholspur.

Das Leben unserer Eltern, also der Generation, die zwischen den 1930er und 1950er Jahren geboren wurde, verlief noch ganz anders. Sie heirateten in der Regel im Alter von 22 bis 26 Jahren und die Familienplanung war bis spätestens Anfang 30 abgeschlossen. Die Rollenverteilung war traditioneller und ein Einkommen reichte oft aus, um die ganze Familie zu ernähren. Heute haben sich die Zeiten geändert. Statistisch gesehen, heiraten die meisten Personen in Deutschland zwischen 29 und 33 Jahren, bekommen in dieser Zeit auch ihr erstes Kind. Gleichzeitig verschiebt sich der Berufseinstieg aufgrund einer akademischen Bildung nach hinten und fällt ebenfalls in diese Zeitspanne. Zugleich sind häufig beide in festen Jobs und die gemeinsame Zeit ist dadurch zusätzlich verknappt.

Paare im mittleren Alter leisten in der Regel heutzutage mehr in weniger Zeit als die vorherige Generation. Denn die großen Ereignisse konzentrieren sich auf eine viel kürzere Zeitspanne. Somit ist der Stressfaktor in dieser Phase enorm hoch. Psychologen ermittelten, dass Paare im mittleren Alter weitaus mehr gestresst sind als jüngere oder ältere Paare, weil sie in fünf Jahren das leisten, was ihre Eltern und Großeltern in zehn Jahren geleistet haben. Überforderung ist hier vorprogrammiert!

Der Anspruch ist enorm und wir stellen an uns selbst die Erwartung, in kürzester Zeit beruflich erfolgreich und privat glücklich zu werden. Doch wie soll man das alles unter einen Hut bekommen? Besonders die Ehe leidet unter diesem Zeitdruck. Denn es braucht Zeit und Kraft, um eine stabile Partnerschaft zu führen. Um das als Paar insbesondere in stressigen und anspruchsvollen Zeiten zu gewährleisten, brauchen wir neue Wege und Strategien. Wir sind aufgefordert, unsere Beziehungen zueinander zu pflegen und vital zu halten.

Paare, denen es gelingt, ihre Zeit sehr gut zu managen, organisieren ihre Zeit zu zweit in vier Kategorien. Sie führen einen gemeinsamen Kalender, in dem die folgenden Zeitblöcke fest eingeplant werden.

Die tägliche Cappuccino-Zeit: Einmal am Tag planen sie eine gemeinsame Zeit ein. Sie wenden sich in dieser Zeit ungestört einander zu und schenken einander ungeteilte Aufmerksamkeit. So sitzen sie zum Beispiel nach der Arbeit mindestens 15 Minuten in ihrer eigens für diesen Zweck eingerichteten Gesprächsecke einander gegenüber. Sie trinken einen Cappuccino und unterhalten sich über ihren Tag. Was hat der andere erlebt? Wie geht es ihm heute? Was bewegt ihn momentan?

Schafft euch spezielle Räume für eure Beziehung: Macht aus dieser gemeinsamen Zeit ein Ritual. Vielleicht richtet ihr euch ebenfalls eine Ecke in der Wohnung ein, die nur für euch da ist. Überlegt euch, an welchem Ort ihr einander ungeteilte Aufmerksamkeit schenken könnt.

Verschiedene Studien besagen, dass Familien, die ohne Ablenkung mindestens eine gemeinsame Mahlzeit einnehmen, stärker und stabiler sind als Familien, die kaum feste Zeitblöcke füreinander eingeplant haben. Auch wenn diese Zeiten für jede Lebensphase neu definiert werden müssen, gibt es immer Möglichkeiten, diese Zeiten im Alltag einzubauen:[vi]

- Auch bei Geschäftsleuten, die viel unterwegs sind, lässt sich das gut managen, zum Beispiel indem ihr einen festen Telefontermin vereinbart.
- Wenn du ein Frischluftfanatiker bist, dann plant doch einen täglichen Spaziergang ein, auch wenn er nur 20 Minuten dauert.
- Wenn ihr kleine Kinder habt, dann ist die Zeit abends oder frühmorgens gut geeignet.

Die wöchentliche Date Night: Einmal in der Woche laden sie ihren Partner zu einem Date ein. Diese regelmäßigen Date Nights werden in den Wochenalltag integriert. So legen sie beispielsweise jeden Mittwochabend als Date Night fest. An diesem Abend sind sie dann nur füreinander als Paar da und können sich voll und ganz aufeinander konzentrieren.

Die Date Night gehört nur euch beiden: An diesem Abend nehmt ihr keine Termine wahr, denn dieser Abend gehört ganz allein euch. Haltet euch diesen Tag im Kalender frei und verschiebt ihn nur in absoluten Ausnahmefällen. Unternehmt an diesem Abend dieselben Dinge, die ihr auch in der Kennenlernphase gemacht habt. Geht essen und ins Kino, besucht ein Schwimmbad oder schaut euch einen Film an. Nehmt euch Zeit zum Reden.

Einer der größten Killer für jede Beziehung ist die Routine. Zu Beginn der Freundschaft lässt man sich noch die kreativsten Dinge einfallen, um besondere Momente mit dem Partner zu erleben. Angefangen von der Klettertour über die Experimentierfreudigkeit von diversen Hobbys bis zu der Wahl von ausgefallenen Restaurants versucht man alles, um jedes Treffen zu einem echten Highlight werden zu lassen. Aber wenn man erst einmal ein paar Jahre zusammen ist, kann es vorkommen, dass die Routine überhandnimmt. Plötzlich verbringt man die gemeinsamen Zeiten entweder beim Einkaufsbummel oder auf der Couch. Um dem entgegenzuwirken, gibt es kaum etwas Aufregenderes, als gemeinsam als Paar neue Dinge zu entdecken.

Die monatlichen Abenteuerzeiten: Bringt Abwechslung in die Beziehung, insbesondere in den Alltag: Tragt euch in euren Kalender ein, wann und welches neue Hobby ihr ausprobieren werdet. Sei es, ein Konzert zu besuchen, eine neue Sportart auszuprobieren oder einen Kochkurs zu besuchen.

Schafft euch bewusst einmalige Momente: Plane einmal im Monat ein besonderes Erlebnis mit deinem Partner ein. Überrasche deinen Partner mit kleinen Aufmerksamkeiten und probiert gemeinsam etwas Neues aus. Ein bisschen Verrücktsein schadet nicht, pflegt gemeinsame Rituale und zelebriert Liebe.

Seid einfallsreich und spontan! Bei neuen Aktionen erlebt ihr euren Partner noch einmal von einer komplett anderen Seite und entdeckt so sicherlich neue Eigenschaften an ihm, die euch begeistern. Werdet kreativ und sucht euch neue spannende Herausforderungen. Wie wäre es zum Beispiel mit:

- einem Salsa-Tanzkurs
- einem Weinseminar
- einem Besuch in der Kletterhalle
- einem Picknick
- einer Fahrt ins Blaue?

Die jährlichen Highlights: Wir als Familie lieben Urlaube über alles. Es ist für uns die schönste Zeit des Jahres und schon Monate vorher freuen wir uns wie kleine Kinder auf dieses gemeinsame Erlebnis. Die Vorfreude beginnt bereits bei den Vorbereitungen. Auch wenn ich im Alltag sehr ungern einkaufe, kann ich es kaum erwarten, Urlaubsutensilien wie Sonnencreme, Strand- oder Wanderausrüstung zu besorgen. Wir recherchieren im Vorfeld die Umgebung unseres Urlaubsortes, lesen Bewertungen über die Unterkunft auf diversen Urlaubsportalen und reden ständig über den anstehenden Urlaub. Wenn du auch so ein Reisejunkie bist, dann weißt du, wovon hier die Rede ist.

Reisen und das Erkunden neuer Orte können ein schönes Hobby sein, um als Familie und insbesondere als Ehepaar Zeit miteinander zu verbringen. Meistens sind diese Zeiten Gold wert. Denn durch sie schafft ihr immer wieder eine neue Vertrautheit in eurer Beziehung.

Reisen verbindet: Versucht wenigstens einmal im Jahr für längere Zeit den Alltag komplett hinter euch zu lassen. Diese Zeiten werden euch helfen, neue Sichtweisen zu bekommen, damit ihr euch wieder voll und ganz auf eure Paarbeziehung konzentrieren könnt.

Auf die kleinen Dinge kommt es an

Habt ihr monatliche Highlights eingeplant, die euch spannende Erlebnisse bescheren und die euch näher zusammenbringen? Habt ihr mindestens einmal im Jahr eine längere Zeit, in der ihr dem Alltag entkommen könnt? Dann habt ihr schon einen guten Schritt gemacht, um eine glückliche und starke Ehe zu führen. Besondere Momente könnt ihr außerdem schaffen, wenn ihr folgenden Ratschlag berücksichtigt:

Achtet auf die kleinen Dinge: Nicht die großen Ereignisse wie die Geburt eines gemeinsamen Kindes, der Jahresurlaub oder das einmalige romantische Wochenende im Jahr sind ausschlaggebend für eine glückliche Ehe, sondern die scheinbar kleinen Momente im Alltag.

Die Hauptgründe, weshalb Ehen zerbrechen, sind meist nicht die großen Themen wie Geld, familiäre Unstimmigkeiten oder Schicksalsschläge. Der Hauptgrund ist zum Großteil die fehlende Beachtung der kleinen Dinge. Sie sind es, die im Alltag dazu beitragen, dass die Ehe stark bleibt.

Übung

Horche in dich hinein: Wie sieht dein momentaner Stresspegel auf einer Skala von 1 (kein Stress) bis 10 (extrem viel Stress) aus?

1   5   10

Überlege, wann du und dein Partner ungestört seid. Findet ihr 10 Minuten, in denen ihr euch in Ruhe unterhalten könnt?

Wochentag: _____

Tageszeit: _____

Ehebooster Nr. 5
Warum deine Worte mehr
Macht haben, als du denkst!

Nimm dir einen kurzen Moment Zeit und schätze aus dem Bauch heraus deinen Kommunikationsfluss sowie den deines Partners ein. Bist du ein kommunikativer oder eher ein stiller Mensch?

Welcher Kommunikationstyp bist du?

Egal wie kommunikativ du bist, unsere Worte, seien es nun viele oder wenige, haben enorme Sprengkraft. Sie bewirken Gutes oder Schlechtes. Die Geschichte lehrt uns, dass es kaum etwas auf dieser Welt gibt, das so mächtig und kraftvoll ist wie unsere Worte. Durch sie wurden Kriege begonnen oder beendet. Worte haben Frieden gestiftet und unsere Welt geprägt. Richtig gebraucht, können sie Menschen aufbauen, ermutigen und zu Höchstleistungen antreiben, und sie können sogar die Welt verändern. Aber falsch eingesetzte Worte können tiefe Verletzungen hervorrufen, ganze Völker entzweien und unfassbaren Schaden anrichten.

Zwei extreme Beispiele aus der Geschichte: Als negatives Beispiel halten wir uns Joseph Goebbels vor Augen. Er war der Reichspropagandaleiter der NSDAP im Dritten Reich und ein enger Vertrauter von Adolf Hitler. Am 18. Februar 1943 hielt er die berühmte Sportpalastrede. Mit seiner gezielt eingesetzten Rhetorik gelang es ihm, das ganze deutsche Volk zum totalen Krieg zu aktivieren. Seine Worte richteten massiven Schaden an und brachten tausenden Menschen den Tod. Auf der anderen Seite haben positive Worte ebenfalls eine unglaubliche Macht. Denken wir nur an die berühmte Rede von Martin Luther King: „I have a dream." Dank seiner Worte und des Engagements, das seinen Worten folgte, wurde die Apartheid in den USA aufgehoben. Schwarze und weiße Menschen erhielten dieselben Rechte.

Was für den Lauf der Geschichte von entscheidender Bedeutung ist, gilt genauso für unsere Beziehungen – insbesondere für unsere Ehen. Wenn du dein Leben und deine Beziehung positiv prägen willst, dann achte ganz besonders auf die Worte, die du im täglichen Umgang mit deinem Partner verwendest. Nichts ist so mächtig wie deine Worte. Sie können deine Ehe und Beziehungen aufbauen oder zerstören.

Das erste Indiz für eine angekratzte Beziehung zeigt sich im Großen und Ganzen an der Wortwahl. In konfliktreichen und schwierigen Ehen sind fiese Worte und ein respektloser Umgang auf der Tagesordnung. Bei starken Ehen fallen hingegen ein wertschätzender Umgang und positive Worte auf. In solchen Beziehungen wirst du oft folgende Sätze hören: „Ich bin so stolz auf dich", „Ich bin so froh, dich zu haben" oder „Du bist das Beste, was mir jemals passieren konnte". Je häufiger in einer Beziehung positive Worte gesprochen werden, desto gesünder und stärker ist die Beziehung.

So einfach ist die Theorie. Aber beim Schreiben dieser Zeilen denke ich an so manche Situation zurück, in der ich mir lieber auf die Zunge gebissen hätte. Ich habe einige gemeine Worte im Affekt gesagt, die ich am liebsten ungeschehen machen würde. Geht es dir ähnlich? Bist du auch manchmal impulsiv und wirfst deinem Partner Dinge an den Kopf, die du im Nachhinein bereust? Dann sollten wir uns vielleicht beide Gedanken darüber machen, wie viel Kraft in unseren Worten liegt. Lass uns diese Kraft zum Guten einsetzen und nicht dazu, unseren Partner zu verletzen.

Wenn du etwas Gutes denkst, dann sprich es aus

Jeder von uns möchte eine gute Ehe führen, und eine der wichtigsten Zutaten ist eine positive Sprache, sind liebe Worte, die wir zu unserem Partner sagen. Stelle es dir vor, als würdest du einen Garten pflegen: Wenn du Unkraut säst, dann wirst du auch Unkraut ernten. Je mehr gute Samen du in deinem Garten verteilst, desto schöner und blühender wird dieser werden. So ähnlich ist das auch in der Ehe: Wenn du häufig gemeine Worte benutzt, wird dein Partner mit bösen Worten reagieren, bis eure Ehe am Ende vergiftet ist. Wenn du aber viele gute und Mut machende Worte an deinen Partner richtest, wird er aufblühen und eure Beziehung wachsen und gedeihen.

Ich bin froh, in Deutschland zu leben, und empfinde es als großes Privileg, hier aufgewachsen zu sein. Aber wir haben in diesem Land ein großes Defizit, das sicherlich auch in anderen Ländern Einzug hält: Wir loben einander viel zu wenig und leben bewusst oder unbewusst nach dem Motto „Nicht kritisiert ist schon Lob genug". Dabei haben wir alle Ermutigung mehr als nötig. Doch im Berufsleben, im Freundeskreis und in der Gesellschaft sind ermutigende Worte häufig Mangelware. Wir leben in einer Kultur, die in der Regel immer den Blick auf die Dinge richtet, die uns noch im Leben fehlen. Ständig finden wir etwas, das es zu verbessern gibt. Diese Einstellung übertragen wir oftmals auf unsere Beziehungen. Wir sehen schnell die vermeintlichen Defizite, aber übersehen leicht die vielen positiven Aspekte.

Sprich bewusst Ermutigung aus und sei konkret in deinem Lob: *Mache es dir zur Gewohnheit, deinen Partner oft und regelmäßig (mindestens aber zwei Mal am Tag) zu ermutigen und zu loben. Selbst für Kleinigkeiten. Schreibe ihm oder ihr eine Karte. Poste etwas auf der Facebookseite. Schreibe eine Ermutigungsmail, eine WhatsApp-Nachricht oder ganz altmodisch einen Liebesbrief.*

Stell dir vor, wie sich deine Ehe entwickeln würde, wenn du sie zum Ort einer Gegenkultur machen würdest, an dem man einander mit Ermutigung und Wertschätzung begegnet. Was würde passieren, wenn du deinen Partner mehr ermutigen würdest? Wie würde deine Beziehung sich verändern, wenn du deinen Partner mit positiven Worten nur so bombardieren würdest?

> *„Behandle einen Menschen so, wie er ist, und er wird auch so bleiben, wie er ist. Behandle ihn, als wäre er das, was er sein sollte, und er wird ebendieser bessere und größere Mensch werden."*
> *(Goethe)*

Neben den Inhalten ist der Tonfall unserer Kommunikation von entscheidender Bedeutung. Sicherlich hast du schon einmal den Spruch gehört: Der Ton macht die Musik. Diese Erkenntnis geht auf den iranisch-amerikanischen Psychologen und Professor Albert Mehrabian (1971) zurück, der eine aufsehenerregende Entdeckung machte: die 7-38-55-Regel.

Für ein Experiment zeichnete er professionelle Rundfunksprecher auf Tonträger auf. Im ersten Durchlauf sollten sie einzelne Worte mit negativem Inhalt in freundlicher und warmer Tonlage formulieren. Im zweiten Schritt ließ er sie Worte mit positivem Inhalt aggressiv, laut und kalt aussprechen. Anschließend spielte er diese Aufnahmen Versuchspersonen vor und bat sie um ihre Einschätzung. Sie kamen durchweg zu dem Ergebnis, dass sie unabhängig vom Inhalt viel stärker auf den Ton und die Art und Weise des Sprechers reagierten als auf den Inhalt der Worte. Etliche Versuche mit weiteren Testpersonen brachten ebenfalls überwiegend dasselbe Ergebnis. Daraufhin entwickelte er die 7-38-55-Kommunikationsformel, die heute noch bei vielen Rhetorikseminaren als Grundlage dient.

Die Regel besagt, dass die Inhalte einer Rede vom Zuhörer wie folgt wahrgenommen werden:

Die 7-38-55-Regel

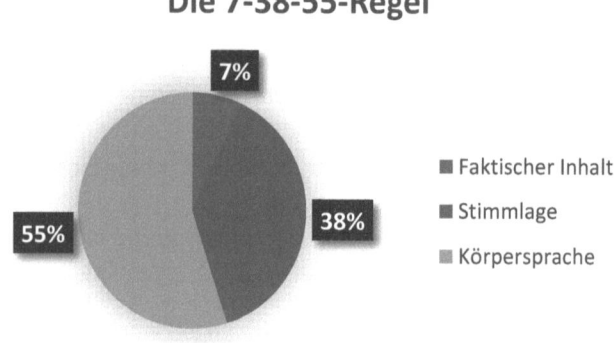

Abbildung 2: Die 7-38-55-Regel (Quelle: nach Mehrabian, 1971)

Der Ton macht also tatsächlich die Musik. Deshalb solltest du in deiner Kommunikation besonders auf die Art und Weise achten, mit der du Dinge sagst.

Vielleicht kennst du das auch und hast das bei dir oder deinem Partner ebenso erlebt. Du sendest eine Botschaft und dein Partner versteht etwas vollkommen anderes. Mich wundert häufig die Aussage meiner Frau: „Du redest so fordernd mit mir." Wenn ich dann erwidere, dass das gar nicht so gemeint ist, bekomme ich häufig die Antwort: „Warum sagst du das dann so?"

Achte auf deine Tonlage: Deine Stimme ist von entscheidender Bedeutung. An deinem Tonfall lässt sich die Qualität deiner Partnerschaft erkennen, denn deine Stimmlage verrät viel über dich als Person. Sie verrät, ob du positiv gestimmt bist oder genervt, oder ob du dich auf dein Gegenüber freust. Auch durch deine Körperhaltung kannst du signalisieren, dass du wirkliches Interesse an deinem Partner hast. Du kannst das spannendste Ereignis berichten, aber wenn deine Stimme kraftlos und monoton klingt, wird deiner Botschaft kaum eine große Gewichtung beigemessen. Um eine gute Kommunikation in deiner Ehe zu bewahren, tust du also gut daran, immer wieder auf deine Stimme und deinen Tonfall zu achten.

Achte auf deine Sprechgeschwindigkeit: Wenn du langsamer redest, hilfst du deinem Partner, dich und deine Botschaft besser zu verstehen. Versuche, so klar wie möglich zu sprechen.

Achte auf deine Lautstärke: Wer schon einmal ein heftiges Streitgespräch hatte, wird wissen: Je lauter ein Gesprächspartner wird, desto lauter wird der andere ebenfalls. Meist endet diese Spirale in Schreierei und lautem Gebrüll. Um Dinge zu verdeutlichen, hilft es aber gerade in hitzigen Diskussionen, ruhig und langsam zu sprechen.

Formuliere deine Wünsche so deutlich wie möglich: *Sei immer wieder achtsam mit deinen Worten und sei klar in deiner Kommunikation.*

Ein einfacher Tipp, um banale Konflikte und Missverständnisse zu vermeiden, liegt zum einen in der bewussten Entscheidung, Äußerungen sehr deutlich zu formulieren. Zum anderen hilft es, wenn du immer wieder hinterfragst, auf welchen Ebenen du überwiegend kommunizierst und Botschaften verstehst.

Ein freundliches Wort schenkt Freude am Leben, aber eine böse Zunge verletzt schwer.
(Spr. 15,4)

Genauso ist es mit unserer Zunge. So klein sie auch ist, so groß ist ihre Wirkung! Ein kleiner Funke setzt einen ganzen Wald in Brand.
(Jak. 3,5)

Übung

Ich bin/mein Partner ist …

☐ wenig kommunikativ
(Für mich ist Reden Silber und Schweigen Gold.)

☐ moderat kommunikativ
(Es fällt mir nicht schwer, mich mitzuteilen, aber ich kann auch gerne längere Zeit schweigen und gar nichts sagen.)

☐ sehr kommunikativ
(Ich trage mein Herz auf der Zunge und bin kommunikativer als die meisten Menschen in meiner Umgebung.)

Schreibe drei Dinge auf, für die du deinem Partner besonders dankbar bist. Sei dabei so konkret wie möglich.

1. _____

2. _____

3. _____

Fertig? Und nun trage sie deinem Partner vor. Nur Mut!

Ehebooster Nr. 6
Wie Konflikte entstehen und
wie du sie vermeiden kannst.

Nun entscheidet sich niemand zu Beginn des Tages, bewusst negative Dinge zu seinem Partner zu sagen. Aber es kommt in jeder Beziehung immer wieder zu bestimmten Situationen und Umständen, die schnell dazu führen, dass man seine Worte plötzlich nicht mehr achtsam wählt. Wie geht man also damit um und wie kann ein Konflikt gut gelöst werden?

Damit aus einer Meinungsverschiedenheit kein ungesunder Streit entsteht, bei dem du Worte benutzt, die du hinterher bereust, ist es gut, ein paar Strategien zu entwickeln, um ein faires Streitgespräch zu führen. Zwar können sich die Wogen je nach Persönlichkeit nach kurzer Zeit glätten, aber auch dann ist es wichtig, genau hinzuschauen, warum dieser Konflikt entstanden ist. Noch wichtiger ist die Beantwortung der Frage: Wie können wir den Disput entschärfen? Doch warum können aus Kleinigkeiten überhaupt große Konflikte entstehen? Vielleicht entdeckst du dich in der Geschichte von Jan und Alina wieder?

Jan kommt von der Arbeit, ist müde und hungrig und freut sich auf das Abendessen. Alina hatte ihm schon per SMS angekündigt, dass sie wieder sein Lieblingsgericht kochen wollte. Voller Vorfreude kommt Jan nach Hause, doch Alina begrüßt ihn mit den Worten: „Hallo Schatz, wie war dein Tag? Du, ich habe ein neues Rezept entdeckt und das probiere ich einfach mal aus. Es gibt Kohlrouladen." Jan reagiert etwas skeptisch und fragt: „Muss das sein? Warum musst du denn was Neues ausprobieren?" Wie aus heiterem Himmel explodiert Alina und es beginnt eine Grundsatzdiskussion: „Warum sagst du nicht gleich, dass ich schlecht kochen kann?"

Jan fällt aus allen Wolken und erwidert: „Stell dich mal nicht so an, ich wollte doch nur wissen, warum du ein neues Rezept ausprobieren musst. Koch doch einfach die

Standardgerichte. Die schmecken immer gut und du musst nicht ständig etwas Neues ausprobieren." „Dann koch demnächst doch einfach selbst!", schreit sie ihn an und verlässt den Raum.

Dieser Konflikt und auch andere Konflikte entstehen, weil unsere Bedürfnisse nicht befriedigt werden. Zu den fünf Grundbedürfnissen gehören:

1) Physiologische Bedürfnisse (Essen, Trinken, Schlafen ...)
2) Sicherheitsbedürfnis (Absichern gegen Schmerz und Verluste, hierzu zählen auch die Wohnung und die Arbeit)
3) Soziale Bedürfnisse (Verbindung mit anderen Menschen, Freundschaft, Partnerschaft und jegliche Beziehungen)
4) Individualbedürfnisse (Bedürfnis nach Anerkennung und Geltung; Bedürfnis, sich einzigartig, wichtig, speziell und gebraucht zu fühlen)
5) Selbstverwirklichung (Streben nach der Vergrößerung eigener Kapazitäten; Wunsch danach, seinen Beitrag in der Welt zu leisten, anderen zu helfen und ein Vermächtnis zu hinterlassen)

Jeder Mensch trägt diese ausgesprochenen und unausgesprochenen Bedürfnisse in sich und möchte, dass sie gestillt werden. Je nach Persönlichkeit und Lebenssituation sind diese Bedürfnisse in verschiedenem Maße ausgeprägt. Bei jedem von uns gibt es Tage und Ereignisse, da werden nicht alle Bedürfnisse gleichermaßen gestillt und es keimt Unzufriedenheit auf, die sich auf die Paarbeziehung übertragen kann. Wenn du zum Beispiel schlecht geschlafen hast, dann reagierst du sicherlich genervt und bist angespannt: Dein physiologisches Bedürfnis nach Schlaf wurde nicht gestillt. Wenn du Frust auf deinem Arbeitsplatz erlebst und dort vielleicht kritisiert worden bist, wurde dein Sicherheitsbedürfnis nicht befriedigt, denn die Sorge um deinen Arbeitsplatz belastet dich.

Ungestillte Bedürfnisse können der Keim für Streitigkeiten werden. Allerdings hat der Konflikt nicht in erster Linie etwas mit deiner Paarbeziehung zu tun. Und das ist der Knackpunkt, denn mit dieser Erkenntnis kannst du Streitigkeiten ganz anders bewerten. Befrage dich daher immer, was die Ursache deiner Unzufriedenheit ist.

Welche Konfliktarten gibt es überhaupt?

Strukturkonflikte betreffen zum Beispiel Diskussionen über den Tagesablauf oder den Ordnungssinn. Gerade im Haushalt gibt es verschiedene Sichtweisen dazu, wie dieser zu führen ist. Wer sich eine gemeinsame Wohnung teilt, wird früher oder später an dem Ordnungssinn, dem Schlafverhalten oder der Tagesstruktur seines Gegenübers einiges an Verbesserungspotenzial erkennen. Dadurch ist Streit vorprogrammiert. Ich kenne kein Paar, das noch keinen Strukturkonflikt austragen musste. Wie sieht es bei dir aus?

Interessenkonflikte entstehen, weil unterschiedliche Ansichten über den Urlaub oder Freizeitgestaltung existieren. Du möchtest im Urlaub lieber den ganzen Tag am Strand liegen und dein Partner muss immer auf Entdeckungsreise gehen. Auch bei der Gestaltung von Hobbys und Interessen treten in der Partnerschaft die Unterschiedlichkeiten zutage. Du bevorzugst Ruhe und bist gerne zu Hause, während dein Partner kaum stillsitzen kann und immer etwas erleben muss.

Wertekonflikte zeigen sich beim Umgang mit Geld und Besitz. Für 53 Prozent der Paare ist das ein Trennungsgrund. Dabei geht es nicht in erster Linie um die Höhe des Einkommens, sondern um die Frage, wofür das Geld ausgegeben wird und wofür nicht. Du möchtest lieber sparsam leben, während dein Partner sein Geld gerne für Konsumgüter ausgibt? Wie habt ihr diese Dinge geregelt?

Persönlichkeitskonflikte betreffen unter anderem den Charakter. Unterschiede ziehen einander zwar an, haben es aber dann nicht leicht miteinander. So kommt es nicht selten vor, dass die Persönlichkeiten in einer Ehe doch sehr unterschiedlich ausgeprägt sind. In Ehen gibt es die interessantesten Mischungen von Persönlichkeiten: gefühlsbetont − tatsachenorientiert, introvertiert − extrovertiert, spontan − strukturiert, aktiv und entscheidungsfreudig − geruhsam und bedächtig, Nachteule − Frühaufsteher oder pünktlich − zeitlos glücklich.

Grundsatzkonflikte entstehen, wenn Glaubensgrundlagen und ethische Entscheidungen nicht übereinstimmen. Verschiedene Werte, die du von Kindheit an beigebracht bekommen hast, müssen bei deinem Partner nicht in derselben Weise vorhanden sein. Nun kennst du die wesentlichen Gründe, weshalb Konflikte in Partnerschaften entstehen.[vii] In jeder Beziehung ist es daher ratsam, immer wieder genau hinzusehen, bei welchen Kernbereichen Streitigkeiten aufkommen. Mit großer Wahrscheinlichkeit drehen sich auch deine Diskussionen immer wieder um dasselbe Thema. Eine Datingwebsite hat ihre Mitglieder nach dem Trennungsgrund gefragt. Folgende fünf Gründe wurden am häufigsten genannt:

Trennungsgründe	Prozent
Wir haben uns auseinandergelebt.	37 %
Wir waren zu unterschiedlich.	30 %
Geben und Nehmen waren nicht ausgeglichen.	26 %
Wir hatten unterschiedliche Bedürfnisse nach Nähe und Freiraum.	26 %
Wir konnten nicht miteinander reden.	23 %

Abbildung 3: Top-5-Liebeskiller (Quelle: ElitePartner, http://www.focus. de/gesundheit/gesundleben/partnerschaft/tid-9407/tid-9408/partnerschaft-die-zehn-haeufigsten-trennungsgruende_aid_267936.html)

Denke einmal an deinen letzten Streit zurück: Worüber habt ihr euch wirklich gestritten? Über den Müll? Den neuen Fernseher? Oder habt ihr eigentlich ein Missverständnis vertieft?

Welche Lösungsansätze für Streitigkeiten gibt es?

Zunächst einmal ist es wichtig zu wissen, wie du und dein Partner auf Konflikte reagiert. Lernt eure Streitkultur kennen: Zieht er sich zurück oder geht er in die Offensive? Wir alle sind unterschiedlich, und gerade wenn ein Streit eskaliert, reagiert jeder Persönlichkeitstyp individuell darauf.

Wo entdeckst du dich wieder?
Schildkröte: Das ist der Konfliktmuffel, der jeder Auseinandersetzung aus dem Weg gehen will. Sollte es doch einmal Streit geben, dann zieht dieser Streittyp sich emotional und körperlich zurück.
Das Stinktier: Der Angreifer ist ein Meister mit Worten und weiß, wo er gezielte Nadelstiche setzen kann, die den Partner genau dort treffen, wo sie besonders wehtun. Mit dem Stinktier zu streiten, führt immer zu einer Eskalation.
Das Chamäleon: Dieser Typ gibt sofort nach und wechselt seine Meinung wie die Wetterlage.
Die Eule: Der Intellektuelle will bloß keine Gefühle zeigen und alles „sachlich" diskutieren.
Der Gorilla: Er muss immer der Sieger sein. Bei einer Diskussion kann er sich nicht zurückziehen und kämpft verbissen seine Meinung durch.

Lass deinen Konflikt niemals kalt werden! Bei allen verschiedenen Typen gilt: Nur ein „heißer" Konflikt kann gelöst werden. Heiße Konflikte sind sofort zu erkennen, denn es geht laut und hörbar zu. Die Streitpartner suchen regelrecht Konfrontation und Reibung.

Das Gute an diesen hitzigen Debatten und lauten Wortgefechten ist, dass – so hitzig und anstrengend heiße Konflikte auch sind – Probleme offen zur Sprache gebracht werden. Damit bieten sie eine Chance, gelöst zu werden.

Bedenke also bei deinem nächsten Streit: Ihr seid miteinander im Gespräch und bringt offen eure Verletzungen, unterschiedlichen Vorstellungen und Ansichten zur Sprache. Das ist gut, denn so könnt ihr zum Kern des Problems vordringen.

Bei einem kalten Konflikt hingegen ist der eigentliche Inhalt des Konflikts nicht offensichtlich, stattdessen brodelt es unter der Oberfläche. Diese Gefühlslage ist sogar noch gefährlicher als die des heißen Konflikts, denn es schleichen sich Resignation und Frustration ein. „Ach, du wirst das nie verstehen und dich nie ändern. Warum sollte ich deswegen ein Fass aufmachen?" Ist dein Partner eine Schildkröte, verfällt er schneller in diesen Zustand der Resignation.

Ganz oberflächlich betrachtet, scheint die Situation friedlich und ruhig zu sein. Aber es finden auch keine Aussprache und keine offene Kommunikation statt. Ihr geht einander aus dem Weg und Enttäuschungen sind ein ständiger Begleiter in eurer Ehe. Zum Beispiel kann die ungeklärte Lösung für einen kalten Konflikt in der Urlaubsplanung so aussehen, dass du von nun an immer alleine in den Urlaub fahren wirst. Damit hast du das Problem aber in erster Linie verlagert, weil du nicht auf deinen Partner zugegangen bist, um eine Lösung zu finden. Für jeden Konflikt gilt deshalb: **Je eher die Klärung erfolgt, desto einfacher sind oftmals die Lösungen und desto geringer sind die Folgeschäden für die Beziehung.**

Jeder Mensch und besonders Männer und Frauen sind unterschiedlich. Wir alle haben verschiedene Persönlichkeiten, Prägungen, Gaben und Bedürfnisse und das ist gut und richtig so, denn wir brauchen die Ergänzung. Jede Konfliktlösung fängt damit an, dass du tief in deinem Herzen verstehst, wirklich jeder Mensch ist anders und du selbst bist nicht das Maß aller Dinge.

Die einfache Lösungsformel lautet daher: Akzeptiere die Andersartigkeit deines Partners. Die Herausforderung besteht darin, die Andersartigkeit nicht als Bedrohung, sondern als Bereicherung zu verstehen.

In Streitsituationen passiert es leicht, dass man eine Person abstempelt und generelle Aussagen macht: „Du bist *immer* so vergesslich." „Warum denkst du *nie* an den Müll?" Immer und nie sind die Killer für jedes Streitgespräch. Auch Schimpfwörter und Beleidigungen sollten tabu sein, weil sie deine Ehe nachhaltig vergiften. Besser ist es, nur über die Sache zu streiten und die Person nicht zu titulieren.

Höre auf zu generalisieren: Streiche die Worte „immer" und „nie" aus deinem Wortschatz.

Abstand ist häufig die beste Wahl: Auch wenn du das Bedürfnis hast, deinem Ärger und Frust mit lautstarken Worten Luft zu machen, solltest du erst einmal versuchen, Abstand zu gewinnen. Ein Spaziergang alleine kann so manchem Konflikt die Schärfe nehmen. Auch Sport wirkt in diesem Fall wahre Wunder. Bevor du krampfhaft und mit Wut im Bauch einen Konflikt weiter befeuerst, schnüre am besten deine Laufschuhe, gehe ins Fitnessstudio oder einfach eine Runde spazieren.

Eine angemessene „Auszeit" lässt dein Gemüt abkühlen: Danach bist du ausgepowert, dein erster Groll ist verflogen und du kannst deinem Partner wieder unvoreingenommen gegenübertreten.

Übung

Welche Themen verursachen immer wieder Konflikte bei euch? Ordne sie nach Heftigkeit.

1. _____
2. _____
3. _____

Schreibe auf, welches eure Unterschiede sind.

_____
_____
_____

Schreibe auf, in welchen Dingen ihr euch ähnlich seid.

_____
_____
_____

Schreibe auf, in welchen Punkten ihr einander ergänzt.

_____
_____
_____

Ehebooster Nr. 7
Warum Vergebung die Königsdisziplin jeder Ehe ist!

Da es zwangsläufig in jeder Partnerschaft zu größeren und kleineren Verletzungen kommt, spielt das Thema Vergebung eine so wichtige Rolle in der Ehe. Sich selbst und anderen zu vergeben, ist enorm wichtig, damit vergangene Fehler und Probleme die Zukunft der Partnerschaft nicht dauerhaft belasten. Die Kunst oder eher gesagt: die Fähigkeit, sich selbst und seinem Partner schnell zu vergeben, ist der Kleber für jede gute Ehe.

Einen der besten Sprüche zum Thema Vergebung findet man in der Bibel: „Wenn ihr zornig seid, dann ladet nicht Schuld auf euch, indem ihr unversöhnlich bleibt. Lasst die Sonne nicht untergehen, ohne dass ihr einander vergeben habt." (Epheserbrief 4, 26) Das ist ein einfacher und doch so schwerer Rat, denn es bedeutet, dass man sich vergeben darf. Die eigene Schuld einzugestehen, auch wenn es noch so schwerfällt, ist die Königsdisziplin in jedem Streitgespräch.

> Ich hörte von einem Ehemann und seiner Frau, die nach einem Streit so wütend aufeinander waren, dass sie erst einmal nicht mehr miteinander sprechen wollten. Sie gingen zu Bett und keiner wollte nachgeben oder das erste Wort sprechen. So hinterließ der Ehemann eine Notiz auf dem Kopfkissen: „Bitte wecke mich morgen um 6 Uhr auf." Am nächsten Morgen wachte der Ehemann um 8 Uhr auf und war sichtlich genervt, weil seine Frau ihn nicht geweckt hatte und er deshalb einen wichtigen Termin verschlafen hatte. Er rollte sich zur Seite und fand einen Zettel, auf dem stand: „Es ist 6 Uhr. Steh auf!"

So kann es einem ergehen, wenn man nicht bereit ist, den ersten Schritt der Vergebung zu unternehmen. In diesem Beispiel hat die Unversöhnlichkeit „nur" zu einem verpassten Termin geführt. Aber längere Zeit in ungeklärten Verhältnissen zu leben, schädigt nicht nur die Beziehung zueinander, sondern belastet auch die eigene Seele in unaussprechlichem Maße. Auch wenn Streitigkeiten eine Beziehung belasten, ist die beste Medizin ein klärendes Versöhnungsgespräch und die Vergebung.

Doch warum ist die Bitte um Vergebung oft schwierig, obwohl sie doch so heilsam ist? Erinnerst du dich an den letzten Streit mit deinem Partner? Wer von euch beiden konnte schneller um Vergebung bitten, du oder dein Partner? Ich glaube, wir haben oft ein falsches Verständnis von Vergebung und assoziieren die Bitte um Vergebung mit Schwäche. Vielleicht steht uns manchmal unser Ego im Weg und unsere innere Stimme redet uns ein: Wenn ich jetzt um Vergebung bitte, bin ich der Verlierer und mache mich klein. Aber das Gegenteil ist der Fall!

Vergebung ist ein Zeichen der Stärke: *Dir einzugestehen, dass du falschlagst, macht dich nicht kleiner, sondern größer. Es zeugt von echter Charakterstärke.*

Deshalb ist das Beste, was du im Leben lernen kannst, schnell zu vergeben. Mit Unversöhnlichkeit blockierst du dein eigenes Glück. Menschen, die schnell vergeben können, sind zufriedenere Menschen. Auch wenn manche Verletzungen tief sitzen und der Groll gegen den Partner sich über Jahre festgesetzt hat, belastest du dich letztendlich nur selbst.

Was ist Vergeben und was Verzeihen?

Vergeben und Verzeihen werden häufig synonym gebraucht, obwohl zwischen ihnen ein großer Unterschied besteht.

Vergeben: Wenn man etwas vergibt, dann hat das etwas mit „geben" zu tun. Du kannst es auch so verstehen, dass jemand etwas erhält. Bei der Vergebung erhält dein Gegenüber den Erlass seiner Schuld.

Verzeihen: Das Wort „zeihen" ist eine alte Bezeichnung dafür, jemanden zu „beschuldigen". Wenn man jemandem verzeiht, wird eine Anschuldigung oder eine Anklage zurückgenommen.

Wenn du deinem Partner also verzeihst, dann bedeutet es, dass du ihn nie wieder darauf ansprechen, beschuldigen oder das betreffende Thema jemals wieder ans Tageslicht holen wirst. Der Streit ist erledigt, auch wenn du ihn vielleicht nicht vergessen kannst. Wenn du jemandem verzeihst, drückst du damit eine willentliche Entscheidung aus: Du wirst etwas nicht mehr ansprechen, obwohl du es in deinem Herzen noch spürst. Hat dich dein Partner zum Beispiel enttäuscht, weil er den Hochzeitstag vergessen hat, dann kannst du ihm verzeihen, obwohl du verletzt bist. Du drückst damit aus, diese Verletzung nicht mehr zur Sprache bringen zu wollen. Wenn du hingegen jemandem vergibst, dann wirkt das noch eine Ebene tiefer. Denn du erlässt deinem Gegenüber die Schuld und ziehst nicht nur deine Anklage zurück, sondern sprichst die Person davon frei. Daher ist Vergebung die absolute Königsdisziplin, die es zu erlernen gilt.

Das ist gar nicht so leicht und sicherlich erinnerst du dich an manche Situationen und Verletzungen zurück, die du gar nicht vergeben willst. Die Frage ist nun, warum du es trotzdem tun solltest. Anderen zu verzeihen, ist der Schlüssel zu innerem Frieden. Wir alle sind im Laufe unseres Lebens von anderen Menschen verletzt worden und diese sind an uns schuldig geworden. Je schwerer ein Vergehen gegen uns war, desto schwerer fällt es uns, zu verzeihen und zu vergeben. Es gibt Dinge, von denen wir schnell denken, wir könnten sie nicht vergeben. Wir wünschen uns sogar, dass die Person dasselbe oder Schlimmeres erleben sollte. Dabei vergessen wir, dass Vergebung in erster Linie für unser eigenes Wohl wichtig ist. Wenn wir lernen, die Dinge loszulassen und abzugeben, bewirkt das in uns eine enorme Freiheit.

Wer anderen verzeihen kann, hat selbst viel davon. Das seelische und körperliche Befinden verbessert sich, und es trägt dazu bei, den Blutdruck zu senken. Auch Rachegedanken und der Drang nach Genugtuung, die oftmals kurz nach einer Verletzung auftauchen, nehmen nach dem bewussten Ausspruch der Vergebung ab. Gleichzeitig ist man schneller in der Lage, wieder Nähe aufzubauen und die emotionale Distanz zu verringern. Manchmal bewirkt es sogar, dass wir dem anderen mit guten Gedanken und

Wohlwollen begegnen. Es beginnt mit einer willentlichen Entscheidung, die Emotionen folgen wie von selbst.

Sollte Vergebung für dich ein schwieriges Thema sein, empfehle ich dir, folgendes Buch zu lesen: „Die Hütte" von William Paul Young. Dort wird die Geschichte eines Vaters beschrieben, der seine Tochter durch ein Gewaltverbrechen verliert. Im Laufe des Buches lernt er, Stück für Stück zu vergeben. Ein absolut lesenswertes Buch.

Wie du anderen verzeihst

Stell dir vor, du bist wütend und hast einen tiefsitzenden Groll auf jemanden. Diese Last ist auf deinem Rücken wie ein Köcher voller Pfeile festgebunden. Jedes Mal, wenn du nun auf diese Person triffst, schießt du einen Pfeil auf sie ab. Aber was passiert? Die Pfeile aus Wut und Bitterkeit werden niemals weniger. Und deinem Gegenüber ist es auch noch herzlich egal. Du bist der Einzige, der darunter leidet, denn du musst die ganze Zeit das Gewicht der Pfeile mit dem Köcher mit dir herumschleppen. Außerdem erinnert dich der Köcher ständig an die Schuld und den Konflikt. Deine Gedanken sind von dem Groll gänzlich eingenommen. Der einzige Weg, um die Pfeile loszuwerden, besteht darin, den Köcher abzulegen. Aber wie funktioniert das?

1) Werde dir im Klaren darüber, was deine Pfeile genau sind: Bist du traurig, wütend, enttäuscht oder hast du Angst? Welche Emotion hat die Person in dir ausgelöst?
2) Nimm dir ein leeres Blatt Papier und schreibe diese Gefühle auf. Dann verbrennst du das Blatt oder zerschneidest es und wirfst es symbolisch in einen Mülleimer. Als Zeichen dafür, dass du diese Dinge nicht mehr mit dir herumtragen willst.
3) Deine Worte haben Macht. Sprich es daher laut aus: Ich verzeihe dir!
4) Nun kannst du als letzten Schritt deinem Gegenüber offen gegenübertreten und sagen: „Ich habe dir verziehen und hege keinen Groll mehr gegen dich."

Das ist keine schnelle Lösung und es gibt sicherlich manche Fälle, in denen professionelle Beratung und Begleitung vonnöten sind. Aber diese vier Schritte können eine erste wichtige Hilfe auf dem langen Weg der Vergebung sein.

Wie du dir selbst verzeihst

Wenn wir ehrlich mit uns sind, dann werden wir feststellen, dass wir mit Sicherheit selbst die Schuldigen an dem einen oder anderen Konflikt in der Vergangenheit gewesen sind. Nun ist es besonders schwer, sich das einzugestehen und sich dann selbst zu verzeihen. Mir kommen so manche Gespräche mit Bekannten in den Sinn, die offen ausgedrückt haben: „Das kann ich mir nicht verzeihen." Mit sich selbst versöhnt zu leben, ist aber wichtig, um im Leben voranzukommen, um nicht in der Vergangenheit zu verharren und von Schuldgefühlen geplagt zu werden. Wie werden wir also diesen Ballast wieder los?[viii]
Stelle dir dazu einen Rucksack vor: In ihm befinden sich deine Schuld und alle Fehler, die du jemals gemacht hast und die du dir nie verziehen hast. Jedes Mal wird dein Rucksack schwerer und es wird immer anstrengender weiterzugehen.

1) Auch hier gilt, finde genau heraus, was sich alles in deinem Rucksack befindet. Was wirfst du dir ständig vor?
2) Schreibe es auf und fange an zu sortieren. Bei welchen Fehlern hast du bewusst gehandelt? Welche sind dir im Affekt passiert? Wo hast du gegen deine eigenen Moralvorstellungen gehandelt?
3) Sprich dir selbst gut zu: Ich vergebe mir! Vielleicht helfen dir auch ein Gebet und die Erinnerung an göttliche Zusagen: „Wenn wir aber unsere Sünden bekennen, dann erfüllt Gott seine Zusage treu und gerecht: Er wird unsere Sünden vergeben und uns von allem Bösen reinigen." (1. Joh. 1,9) Gott wird dir vergeben. Also kannst du auch dir selbst vergeben.
4) Suche nach Lösungen und Kompensationen. Vielleicht hilft dir ein Geschenk dabei, auszudrücken, dass du dein Verhalten bereust.

Hier noch ein kleiner Gesprächsleitfaden für dein nächstes Vergebungsgespräch:

Analysiere die Situation: Wenn es dir hilft, schreibe die Geschichte auf, um zu verstehen, was genau passiert ist und warum die Diskussion eskalieren konnte. Wurde ein Bedürfnis nicht gestillt oder warum ist die Diskussion entstanden? Zum Beispiel: Er kam zu spät nach Hause, ohne dir Bescheid zu sagen, und das Essen ist kalt geworden.

Übernimm für deinen Part die Verantwortung: Gestehe ein, was du falsch gemacht hast, und erkenne, was dein Beitrag an dem Problem war. Zum Beispiel: „Ich hätte nicht ausrasten dürfen."

Erkläre deine Emotionen: Mache deutlich, warum du so reagiert hast, und erkläre deine Gefühle und Gedanken. Zum Beispiel: „Ich war so gestresst und hatte mich auf die gemeinsame Zeit mit dir gefreut."

Bitte um Vergebung: Mache deutlich, dass dir die Meinung und die Gefühle deines Partners wichtig sind, und bitte um Vergebung. Zum Beispiel: „Es tut mir leid, dass ich dich verletzt habe."

Versucht eine gemeinsame Lösung zu finden: Sprecht über eure Vorstellungen und Erwartungen und überlegt euch eine Lösung für die Zukunft. Zum Beispiel: „Ich will in Zukunft rechtzeitig vorher anrufen, wenn ich nicht pünktlich zum Essen kommen kann."

Übung

Schreibe auf, welche Dinge du deinem Partner vergeben möchtest.

1. _____
2. _____
3. _____

Notiere, was du dir selbst verzeihen möchtest.

1. _____
2. _____
3. _____

Ehebooster Nr. 8
Wie die körperliche Nähe deine Ehe stärkt!

Es ist ein Samstagabend. Ich sitze mit einem guten Freund, der ebenfalls verheiratet ist, bei einem Bier zusammen. Wir unterhalten uns über Fußball und unsere Beziehungen. Wir kommen auch auf das Thema Sexualität zu sprechen, und er sagt: „Wenn es im Bett stimmt, dann sind manche Konflikte eher unbedeutend." Hat er recht damit? Ist die Lösung für manche Streitigkeiten so einfach? Werden in guten Partnerschaften Streitigkeiten letzten Endes in den Laken gelöst?

Fakt ist, dass die körperliche Ebene ein wichtiger Baustein für eine gesunde und stabile Ehe ist. Sexualität ist etwas Wunderbares und dient nicht allein der Fortpflanzung. Wir Menschen haben die Fähigkeit, sie zum Vergnügen und zur Stärkung der Partnerschaft zu verwenden. Körperliche Intimität ist der natürlichste Weg, unsere Liebe füreinander auszudrücken. Sie kann die Beziehung positiv beeinflussen. Eine Partnerschaft nur auf die körperliche Ebene zu begrenzen, ist sicherlich zu wenig. Andererseits zeigt sich gerade in der Sexualität der Grad der Vertrautheit in einer Beziehung. Umgekehrt gilt es genauso: Fehlende körperliche Nähe ist oft ein Indikator für tiefsitzende Probleme, zum Beispiel für ungeklärte Konflikte, Unzufriedenheit mit sich und dem Partner oder emotionale Belastungen.

Ein Bekannter von mir ist in der Eheseelsorge tätig. Er kennt die Probleme von Paaren: In einer problembehafteten Ehe existiert häufig die lustvolle, leidenschaftliche und erfüllende Sexualität nicht mehr. Sie ist nur noch ein Ritual, das zudem selten durchgeführt wird. Manchmal findet sie so gut wie gar nicht mehr statt. Körperliche Distanz zum Partner deutet meist auf tiefsitzende Beziehungsprobleme hin. Deshalb möchte ich dir an dieser Stelle eine sehr persönliche Frage stellen:

Wie beurteilst du dein Liebesleben?
leidenschaftslos   leidenschaftlich

Der Umgang und das Ausleben von Sexualität werden von vielfältigen Faktoren beeinflusst. Hier spielen die elterlichen Prägungen, die eigenen Erfahrungen, das Temperament und unterschiedliche Vorstellungen eine Rolle. Auch auf die Gefahr hin, ein Klischee zu bedienen – vielleicht hast du in deiner Partnerschaft eine andere Erfahrung gemacht –, aber Männer haben häufig ein größeres Verlangen nach körperlicher Intimität als ihre Partnerinnen. Wie ist das bei euch?

Wenn Sexualität positiv verstanden und in einer Partnerschaft gelebt wird, kann sie die Beziehung bereichern und verfestigen. Ein ehrlicher Austausch über die verschiedenen Erwartungen ist besonders in diesem Bereich von wesentlicher Bedeutung. Um das Verlangen in einer langen Partnerschaft aufrechtzuerhalten, sind zwei Bedürfnisse wichtig.

Bedürfnis nach Sicherheit und Vorhersagbarkeit: Wir sehnen uns nach Geborgenheit, Verlässlichkeit und Dauerhaftigkeit. Das sind wahrscheinlich neben der Liebe die Hauptmotive, warum wir geheiratet haben.

Verlangen nach Abenteuer, Risiko und der Gefahr: Der Reiz des Unbekannten und die Sehnsucht nach Überraschungen sind wie die menschliche Neugier tief in uns verwurzelt.

Je nach Persönlichkeit und Prägung wird eine der Seiten stärker ausgelebt, aber es sind immer beide Bedürfnisse in jedem von uns vorhanden. Diese beiden Seiten drücken sich auch in der Partnerschaft und der Sexualität aus: Wir beginnen eine Ehe mit dem Anspruch, unser Partner sollte unser bester Freund sein, unsere erste Vertrauensperson und zusätzlich ein leidenschaftlicher Liebhaber, der uns anturnt. Wir wollen mit unserem Partner eine Kontinuität und Verlässlichkeit erleben, aber gleichzeitig auch Abenteuer und Geheimnisse teilen.

Früher war die Ehe eine wirtschaftliche Verbindung, die im Hinblick auf Kinder und sozialen Status, Erbfolge und Kameradschaft eingegangen wurde. Sexualität stand damals nicht nur aus reinem Vergnügen im Fokus, sondern um den Erhalt der Sippe und die Altersvorsorge zu gewährleisten. Frauen mussten sich den Lüsten des Mannes hingeben. Heutzutage leben wir zum Glück in anderen Zeiten. Im Vergleich zu früher werden wir heute doppelt so alt. Dadurch sind die Ansprüche an unseren Partner noch einmal mehr gewachsen und teilweise sehr hoch. **Unser Partner soll nun beide Bedürfnisse befriedigen: Er soll uns Sicherheit geben und für Abwechslung sorgen.**

In der Liebe wollen wir den Geliebten kennen, also die Distanz verringern. Wir wollen Nähe. Aber um jemanden zu begehren, brauchen wir Abstand. Vorhersagbarkeit langweilt uns auf Dauer. Die Bedürfnisse stehen im ständigen Wechselspiel zwischen „Gib mir Neues, gib mir Überraschungen!" und „Gib mir Vorhersagbarkeit, gib mir Beständiges!". Beide Bedürfnisse sind die Zutat für eine aufregende Liebesbeziehung.

Das Vertrauen und das Abenteuer in die Ehe zu integrieren,
ist in der Sexualität die spannende Aufgabe.

Sexualität beginnt nicht erst im Schlafzimmer. Gerade kleine Aufmerksamkeiten im Alltag werden die Leidenschaft deiner Ehe befeuern.

Wie du Anziehung im Alltag erzeugst

Lobe und wertschätze deinen Partner für seine Leistungen und Tätigkeiten im Alltag, im Beruf und in der Familie. **Komplimente** erzeugen eine starke Zuneigung zu deinem Partner. Lobe deinen Partner offen vor anderen. Das erzeugt eine enorme Anziehungskraft auf dich. Mache deinem Partner Komplimente über sein Aussehen. Erledige unaufgefordert kleine Aufgaben, die schon lange liegen geblieben sind (zum Beispiel Rasenmähen etc.). Kleine **Berührungen im Alltag** wie Händchenhalten oder Umarmungen steigern ebenfalls die Leidenschaft.

Lob und Anerkennung sowie kleine Zeichen der Zuneigung und Berührungen im Alltag sind die Grundlage für eine erfüllende Sexualität.

Wann fühlst du dich zu deinem Partner besonders hingezogen? Stell es dir vor wie ein Konto, auf das du ständig kleine Beträge einzahlst. Wenn es dann zur Abbuchung im Schlafzimmer (oder wo auch immer) kommt, ist das Liebes- und Leidenschaftskonto prall gefüllt.

Schafft euch Freiräume und Sehnsuchtsmomente: Auch Zeiten, in denen der Partner Dinge ganz alleine oder mit seinen Freunden verbringen kann, führen dazu, dass die Wiedersehensfreude die Partnerschaft belebt.

Hier gilt es natürlich, ein gesundes Maß zu finden und mit beiderseitigem Einverständnis die Freiräume abzuklären und nicht dem Trugschluss zu unterliegen, seine Freiheiten unter allen Umständen einzufordern. Aber in einem „gesunden" Maße sind diese Freiheiten ein wirklicher Gewinn für die Partnerschaft. Ein weiterer Gedanke, um die Anziehungskraft zueinander zu steigern, ist der, den Partner im Alltag zu unterstützen. So banal dieser Gedanke auch klingen mag, verhilf deinem Partner zur Entfaltung seiner Gaben.

Im Rahmen einer Untersuchung, die in verschiedenen Ländern durchgeführt wurde, wurde Paaren die folgende Frage gestellt: Wann fühlst du dich zu deinem Partner am meisten hingezogen?

Die erste Gruppe sagte: „Am meisten fühle ich mich zu meinem Partner hingezogen, wenn wir uns nach einer Zeit der Abwesenheit wiedersehen." Zum Beispiel, wenn der Partner beruflich häufig unterwegs ist oder eine Fernbeziehung geführt wurde. Hast du schon mal eine längere Zeit ohne deinen Partner verbracht? Dann kennst du bestimmt die aufkommende Sehnsucht und die Freude beim Wiedersehen.

Die zweite Gruppe gab zur Antwort: „Ich fühle mich dann am meisten hingezogen, wenn ich meinen Partner strahlend und selbstsicher erlebe. Wenn er in seinem Element ist und seiner Leidenschaft nachgeht." Zum Beispiel, wenn er seinem Hobby nachgeht.

Die dritte Gruppe antwortete: „Wenn ich von meinem Partner überrascht werde und wir tolle Dinge zusammen erleben. Wenn wir zusammen lachen und ein besonderes Highlight in unserem Leben passiert."

Diese drei Faktoren tragen also zu einer starken Anziehungskraft in der Paarbeziehung bei. Wenn du deinem Partner Freiräume gewährst, in denen er sich entfalten kann, wie Hobbys und die Ausübung von bestimmten Interessen, dann ist das keine Bedrohung für die Zweisamkeit, sondern befeuert die Partnerschaft.

Wie regelmäßige Auszeiten vom gemeinsamen Alltag die Leidenschaft schüren

Zum Beispiel habe ich mit meiner Partnerin jedes Jahr eine Zeit vereinbart, in der jeder für ein paar Tage alleine verreisen kann. Für uns sind diese Zeiten sehr wertvoll und die Freude, wenn wir uns nach dieser Zeit wiedersehen, ist groß. **Raus aus der Routine!** Routine in der Sexualität bedient zwar unser Bedürfnis nach Sicherheit und Beständigkeit, aber die Sehnsucht nach Abwechslung darf in der Partnerschaft nicht zu kurz kommen. Die traurigen Geschichten von dem „Abenteuer" außerhalb der Ehe sind ein Zeichen für die mangelnde Abwechslung in der eigenen Partnerschaft.

Damit das nicht passiert, ist es wichtig, offen zu sein und seine Wünsche zu kommunizieren – gerade in sexuellen Dingen. Kommunikation mit dem Partner und Ehrlichkeit sollten selbstverständlich sein. Auch wenn es, je nach familiärer Prägung, für manche Paare nicht einfach ist, sollte man seine Unzufriedenheit auf der körperlichen Ebene genauso wenig unbeachtet lassen wie alle anderen Dinge, die es wert sind, angesprochen zu werden. Hinzu kommt die Bereitschaft, neue Dinge auszuprobieren, sofern beide Partner sich darauf einlassen wollen.

Seid offen und sprecht eure sexuellen Wünsche konkret an: Eine erfüllte Sexualität fällt nicht einfach vom Himmel, sondern entsteht aus Vertrautheit und echter Neugier, neue Wege zu gehen.

Redet offen über eure sexuellen Wünsche und auch über eure Vergangenheit, insbesondere eure Verletzungen. Sicherlich kann dieser Austauschprozess riskant sein. Du hast vielleicht Angst vor geschockten Reaktionen wie: „Was, so etwas hast du schon gemacht?" Aber vielleicht reagiert dein Partner auch ganz anders. Hat vielleicht selbst denselben Wunsch und ihr könnt ganz neue Seiten aneinander entdecken.

Nehmt euch Zeit zu zweit: Plant kinderfreie Kurzurlaube ein oder vereinbart einen festen Termin, an dem ihr euch seht. Werdet kreativ.

Ein guter Mix besteht in Spontanität und geplanter Zweisamkeit. Gerade in stressigen Lebensphasen (mit Kleinkindern oder in arbeitsreichen Zeiten) solltest du immer wieder Momente schaffen und Orte aufsuchen, an denen ihr euch fallen lassen könnt. Stress ist der größte Leidenschaftskiller, und ein ausgeruhter Körper und eine entspannte Seele sind wichtige Grundlagen für besondere Zeiten der Intimität. Auch in Zeiten, in denen du müde und ausgelaugt vom Tag bist, hilft eine entspannte Atmosphäre, die Intimität nicht zu kurz kommen zu lassen. Bei den meisten genussvollen Tätigkeiten warten wir in der Regel auch nicht, bis die Lust von alleine kommt.

Der Appetit kommt nicht erst beim Essen, sondern beginnt schon bei der Vorbereitung. So ist es auch bei Zärtlichkeiten. Nehmt euch also Zeit füreinander.

Eine kanadische Studie hat herausgefunden: Einmal die Woche Sex zu haben, macht Paare zufrieden. Wie stark euer Bedürfnis nach Sex ist, müsst ihr selbst herausfinden. Gespräche und eine offene Atmosphäre tragen dazu bei, dass ihr euch beide öffnen könnt.

Wie wäre es, wenn du jetzt einfach mal das Buch zur Seite legst und dich deinem Partner zuwendest? Küsse ihn an seiner Lieblingsstelle. Wenn du nicht weißt, wo sie ist, dann nichts wie los auf die Entdeckerreise!

Übung

Wie zufrieden bist du mit deinem Liebesleben?

wenig   sehr

Was gehört für dich zu einer erfüllten Sexualität?

1. _____

2. _____

3. _____

Was könnte dein Partner tun, um deine Lust zu intensivieren?

1. _____

2. _____

3. _____

Ehebooster Nr. 9
Wie der Glaube deine Beziehung bereichern kann!

Eine meiner Lieblingskomödien ist der Film „Glaube ist alles". In dem Film geht es um die Freundschaft zwischen einem jungen katholischen Priester (Brian) und einem Rabbi (Jake).

Die beiden sind schon seit ihrer Kindheit mit Anna befreundet, aber da sie in unterschiedlichen Städten wohnen, haben die beiden Geistlichen den Kontakt zu ihrer Schulfreundin nicht aufrechterhalten können.

Ganz unerwartet meldet sich Anna nach vielen Jahren wieder bei ihnen und kommt als erfolgreiche Geschäftsfrau zurück in ihre Heimatstadt. Die alte Freundschaft wird im Nu wiederbelebt und die drei verbringen eine wunderbare Zeit zusammen. Eines Abends besucht Jake Anna in ihrer Wohnung und die beiden schlafen miteinander, halten ihre Affäre aber vor Brian geheim. Brain ahnt nichts davon und gerät völlig ungeahnt in einen Zwiespalt, da er sich ebenfalls in Anna verliebt hat. Er ist sogar bereit, seine Berufung als Priester aufzugeben. Insgeheim hofft er, dass Anna für ihn ebenso empfindet.

Eines Abends besucht Anna Brian, um sich bei ihm auszuweinen. Sie hat Liebeskummer. Brian missinterpretiert diese Situation und glaubt, sie habe sich ebenfalls in ihn verliebt. Prompt versucht er sie zu küssen. Als sie ihn über die tatsächliche Situation aufklärt – Jake ist sich nicht sicher, ob eine Beziehung zwischen einem Rabbi und einer nicht-jüdischen Geschäftsfrau auf Dauer Bestand haben kann –, ist er enttäuscht, dass die beiden ihn nicht eingeweiht haben und er sich umsonst Hoffnungen auf eine Beziehung gemacht hat.

Was mich an diesem Film so begeistert, ist der Konflikt zwischen Glauben und Beziehung. Denn er macht deutlich, wie sehr der

Glaube sich auf eine Beziehung auswirken kann. Der Glaube beeinflusst nicht nur das persönliche Leben, sondern vor allem auch die Beziehung zu anderen Menschen – im Besonderen zum eigenen Partner.

Ich weiß nicht, ob du dir bei der Partnerwahl viele Gedanken über die Spiritualität deines Partners gemacht hast. Bei den vielen Menschen, die ich trauen darf, erlebe ich immer wieder, dass dieser Punkt häufig nicht an oberster Stelle steht. Teilweise findet er wenig Beachtung. Doch auch wenn dir das vielleicht nicht immer bewusst ist, prägt der Glaube – egal, wie stark er sein mag – jeden Lebensbereich deines Partners. Denn der Glaube beinhaltet die Weltanschauungen und vor allem die Werte, nach denen jemand leben möchte. Angefangen beim Umgang mit Geld über die Einstellung zu Leid und Problemen bis hin zu der Erwartung an die gemeinsame Zukunft. Jeder hat seinen Glauben und lebt nach einem inneren Kompass, ob bewusst oder unbewusst.

Sprecht über eure gemeinsamen Werte: _Vielleicht haltet ihr sie sogar schriftlich fest._

Die erfolgreichsten Teams der Welt – egal, aus welchen Gründen sie zusammengefunden haben (Business, Sport oder Familie) – teilen gemeinsame Werte. Sie haben dieselben Glaubensmaßstäbe, nach denen sie leben wollen. Damit ist nicht die nominelle Glaubenszugehörigkeit gemeint, sondern ein bewusst gelebter Glaube, der Auswirkungen auf den Alltag jedes Einzelnen hat. Ein gemeinsamer Glaube und die damit verbundenen einheitlichen Werte können die Beziehungsqualität verbessern. Sie werden dadurch zu weit mehr als den üblichen Verbindungen.

- Wofür stehen wir?
- Was begeistert uns?
- Was berührt uns?
- Was ist uns wichtig?
- Was ist der Sinn unseres Lebens?
- Wie wollen wir unsere Zukunft gestalten?

Was ein gemeinsam gelebter Glaube
für deine Beziehung bedeutet

Besonders leuchtende Vorbilder sind für mich Holger und Lisa. Nach einigen Jahren in ihrer Ehe entschieden sich die beiden, für ein Jahr aus ihren Jobs auszusteigen. Sie reisten nach Manila auf die Philippinen, um den Ärmsten der Armen zu helfen. Durch Nächstenliebe und ihren Glauben motiviert, bauten sie eine Krankenstation in den Slums auf. Mit unterschiedlichen Aktionen linderten sie die Not der Menschen zumindest in kleinen Teilen. Ihre gemeinsamen Werte haben dazu geführt, ihre Ehe und ihre Begabungen zum Wohle anderer Menschen einzusetzen.

Ein gemeinsam gelebter Glaube hilft nicht nur dabei, neue Wege einzuschlagen und bei wichtigen Entscheidungen nach tieferen Werten zu leben, sondern er kann auch ein echter Beziehungsretter sein.

Hans und Barbara waren sich einig, dass ihre Beziehung dem Ende entgegensteuert. Sie waren an einem Punkt in ihrer Ehe angekommen, an dem sie keine Zukunft mehr sahen. Aus Liebe zu ihrem gemeinsamen Sohn besuchten sie eines Sonntagmorgens zusammen einen Gottesdienst. Die Predigt traf direkt in ihr Herz, denn der Pastor sprach über das Thema „Den Balken in deinem Auge zuerst herausziehen": „Wenn Gott uns alles vergeben hat, dann können wir auch einander vergeben." Nach diesem Gottesdienst waren sie so gepackt von der Liebe Gottes und seiner Vergebung, dass sie am Abend noch lange über ihre Beziehung sprachen und gemeinsam beteten.

Es war nicht alles auf einmal wieder in Ordnung, aber sie waren überzeugt, dass sie einander vergeben und ihrer Ehe eine zweite Chance geben wollten. Am kommenden Sonntag gingen sie wieder in die Kirche und lernten ein Ehepaar kennen, das in der Paarberatung aktiv war. Sie vereinbarten sofort einen Termin und ab diesem Zeitpunkt steigerte sich die Qualität ihrer Ehe zunehmend. Sie blieben zusammen, und ihr gemeinsamer Glaube an Gott und seine Prinzipien wurde zu einem neuen Fundament für ihr Miteinander. Denn sie entdeckten in ihrer Ehe, dass der gemeinsame Glaube und die persönlichen Überzeugungen zu einer tieferen Vertrautheit miteinander führten. Jahre später wurden sie dazu befragt, was sich nun bei ihnen verändert habe. Sie antworteten: „Wir leben nun nach folgenden Werten":

1) **Bedingungslose Liebe und Akzeptanz:** Die Tatsache, dass wir verstanden haben, dass der andere ein Ebenbild Gottes und mit allen Macken und Runzeln perfekt in Gottes Augen ist, motiviert uns immer wieder, den anderen so anzunehmen, wie er ist. Wie kann ich mir anmaßen, meinen Partner abzulehnen, nur weil er sich in manchen Bereichen nicht so verhält, wie ich mir das vorstelle, wenn Gott ihn und mich mit allen unseren Fehlern bedingungslos annimmt?
2) **Vergebung:** Wir leben davon, dass Gott uns vergibt. Dadurch wollen wir auch einander vergeben.

3) **Gebet:** Das Gebet ist eine einzigartige Kraftquelle für uns als Ehepaar geworden. Bei wichtigen Entscheidungen beten wir und bringen gemeinsam unsere Anliegen vor Gott.

4) **Eine Haltung des Dienens:** Unsere Ehe ist das perfekte Übungsfeld, um den Dienst an anderen Menschen zu üben.

Unter religiös orientierten Paaren gibt es niedrigere Scheidungsraten. Die Zahlen schwanken, aber sie liegen ungefähr bei 15 bis 20 Prozent.[ix] Zumindest haben das amerikanische Studien herausgefunden. Die Gründe dafür sehen die Forscher darin, dass die Paare eine größere Zufriedenheit in ihrer Ehe erleben und mehr gemeinsames Engagement zeigen, weil sie sich höheren Werten verpflichtet wissen. Auch wenn der gemeinsame Glaube allein nicht ausreicht, um eine Beziehung lebendig zu halten, gibt es doch ein tragendes Fundament. Es lohnt sich also, der Dimension der Spiritualität eine Chance in der Partnerschaft einzuräumen.

Macht gemeinsame geistliche Erfahrungen: Wie wäre es, wenn ihr gemeinsam einen Gottesdienst besucht oder zusammen in der Bibel lest? Habt ihr schon einmal gemeinsam gebetet?

Übung

Sprich mit deinem Partner über seinen Glauben und notiere, was euren Glauben ausmacht.

_____
_____
_____
_____
_____
_____

Wie wirkt sich der Glaube auf euren Alltag aus?

_____
_____
_____
_____
_____

Ehebooster Nr. 10
Wie du die Liebessprache deines Partners lernst und deine eigene verstehst!

Fremdsprachen zu lernen, gehörte nie zu meinen größten Stärken, eher im Gegenteil. Vokabel zu lernen, Grammatik zu büffeln oder Aussprache zu üben, gehörten für mich zu den nervigsten Aspekten meiner Schulzeit. Mein Zeugnis spiegelte meine „Fremdsprachenstärke" dementsprechend wider. Mit dem Abschluss meines Studiums war das Lernen einer Fremdsprache für mich ein für alle Mal vorbei. So dachte ich zumindest, bis ich in meiner Ehe feststellen musste, dass meine Frau ebenfalls eine Fremdsprache spricht. Wie sie Liebe ausdrückt und empfängt, ist in vielen Bereichen ganz anders als bei mir. Und obwohl ich vieles dazugelernt habe, gibt es noch immer Momente, in denen ich sie einfach nicht verstehe. Wir sprechen ganz andere Liebessprachen.

Das Verständnis von Ehe und Liebe ist insbesondere von der Ursprungsfamilie geprägt. So lernten wir besonders im ersten Ehejahr, wie groß die Unterschiede sind. Zum Beispiel sind die Eltern meiner Frau gerne und häufig mit anderen Menschen zusammen und auch ihre Urlaube verbringen sie überwiegend mit ihren Freunden. Es ist für meine Schwiegereltern die normalste Sache der Welt, ihre freie Zeit überwiegend mit anderen Menschen zu verbringen. Sie drücken ihre Liebe zueinander durch viele Dinge aus, aber ihre erste Liebessprache ist nicht die Zweisamkeit. Meine Eltern hingegen sind das andere Extrem: Sie machen fast alles zusammen und ich kann mich an kaum eine Situation erinnern, in der meine Eltern getrennt voneinander etwas unternommen hätten. Ich habe bei meinen Eltern erlebt, wie sehr sie es genießen, Zeit nur für sich zu haben. Ihre Liebessprache war eindeutig die der Zweisamkeit.

Aus diesen beiden Familienhintergründen haben nun meine Frau und ich zusammengefunden. Am Anfang unserer Ehe führte diese unterschiedliche Ausgangslage häufig zu Konflikten. Für meine Frau war es selbstverständlich, viel unterwegs zu sein und die freie Zeit mit anderen Paaren oder ihren Freunden zu verbringen. Aus meiner Sicht war das erst mal sehr ungewöhnlich, da ich es von meinen Eltern gewohnt war, jede freie Minute mit meinem Partner zu verbringen. Es hat einige Zeit gedauert, bis wir uns angenähert und eine gute Lösung für uns als Paar gefunden haben. Ein echter Augenöffner war der Tag, als uns das Prinzip der verschiedenen Liebessprachen vorgestellt wurde. Dieses Prinzip stammt von Gary Chapman. In seinem Buch „Die fünf Sprachen der Liebe" (2003) bringt er auf den Punkt, warum Liebessignale in einer Partnerschaft nicht immer gleich oder manchmal auch komplett anders verstanden werden. Er vergleicht die persönliche Liebessprache mit einer Fremdsprache: Jeder Mensch hat seine eigene Liebessprache und das heißt, jeder versteht nicht nur unter dem Begriff „Liebe" etwas anderes, sondern er drückt es auch anders aus. Es gibt, grob gesagt, fünf Sprachen der Liebe:

Abbildung 4: Die fünf Liebessprachen (Quelle: nach Gary Chapman, 2003)

Es gibt Paare, bei denen die Liebessprache deckungsgleich ist. Und es gibt Paare, die erst nach Jahren merken, wie unterschiedlich der Partner die Liebe empfindet. So erging es Ulrich und Sabine.

Ulrich machte seiner Frau jedes Jahr zu besonderen Anlässen wie dem Hochzeitstag, dem Valentinstag und zu Jubiläen ein teures Geschenk. Er machte sich viel Mühe bei der Geschenkauswahl und ließ sich seine Überraschungen richtig was kosten – von teurem Schmuck über seltenen Wein bis hin zu exklusiven Dekoartikeln. Er verbrachte stundenlang im Internet oder in Einkaufszentren, um das perfekte und ausgefallenste Geschenk zu finden. Aber wie sehr sich Ulrich auch jedes Jahr bemühte, Sabine ließen diese Geschenke kalt. Sie waren ihr zwar nicht gleichgültig, aber sie maß Geschenken keine große Bedeutung bei.

Am 12. Jahrestag eskalierte die Situation plötzlich aus heiterem Himmel: Ulrich überreichte ihr wieder einmal ein ausgefallenes Geschenk. Sabine quälte sich ein müdes Lächeln ab, bedankte sich höflich und das war es. Ulrich war darüber so enttäuscht, dass er nicht mehr an sich halten konnte. Es platzte aus ihm heraus: „Du bist wirklich undankbar. Jedes Jahr mache ich mir Gedanken, um ein tolles Geschenk für dich zu finden, und du weißt meine ganzen Bemühungen überhaupt nicht zu würdigen." Wutentbrannt schmiss er die Türe zu und musste erst mal an die frische Luft.

Als er sich wieder beruhigt hatte, nahm Sabine ihn in den Arm und sagte: „Ich bin dir ja wirklich dankbar für deine Kreativität und die Mühe, die du dir bei der Geschenkauswahl machst. Jede andere Frau wäre dankbar für alle die Dinge, die du mir im Laufe der letzten Jahre geschenkt hast. Aber für mich bedeuten Geschenke nun mal nicht das Gleiche wie für dich. Für mich ist die Zeit zu zweit viel wertvoller. Ich freue mich mehr, wenn du einen Tag nur mit mir alleine verbringst, als wenn du mir teure Geschenke machst. Ich habe eben eine ganze andere Liebessprache als du!"

Diese Geschichte zeigt, wie unterschiedlich wir alle Liebe empfingen. Wenn wir unserem Partner sagen und zeigen möchten, dass wir ihn lieben, heißt das noch lange nicht, dass er es auch versteht.

Erkenne deine eigene Liebessprache und teile sie deinem Partner mit. *Das wird in eurer Ehe zu einem besseren Verständnis und einer tieferen Verbindung beitragen.*

Lob und Anerkennung: Menschen mit dieser Beziehungssprache drücken ihre Liebe besonders durch Lob und Anerkennung aus. Sie sehen die Leistungen der anderen und haben die Gabe, diese mit wertschätzenden Worten zu würdigen. Für sie ist es absolut selbstverständlich, dass Erfolge oder Leistungen mit Lob belohnt werden. Wenn diese Personen selbst öffentlich gelobt werden, fühlen sie sich so richtig geliebt. Jeder mag Anerkennung, aber es gibt Personen, die durch Bestätigung von außen erst richtig aufblühen.

Zweisamkeit – die Zeit nur für dich: Menschen mit dieser Sprache fühlen sich geliebt und respektiert, wenn sie absolute Zweisamkeit und ungeteilte Aufmerksamkeit erfahren. Es geht ihnen um die Zeit, die sie bewusst mit ihrem Partner verbringen, denn darin liegt für sie eine hohe Qualität. Sie bemühen sich intensiv darum, den Partner zu verstehen und ganz für ihn da zu sein.

Geschenke, die von Herzen kommen: Kleine Geschenke erhalten die Freundschaft. Das ist das Motto dieser Menschen. Sie zeigen durch kleine und große Geschenke den Menschen, die sie lieben, was sie für sie empfinden. Dabei sind die Größe und der Wert des Geschenks nicht von großer Bedeutung. Sie schätzen es, wenn ein passendes Geschenk liebevoll ausgesucht und gestaltet wird. Für sie ist es ein Zeichen der Wertschätzung, wenn sich jemand bei der Auswahl des Geschenkes Zeit für eine gelungene Überraschung nimmt. Besonders spontane Geschenke werden überschwänglich aufgefasst.

Hilfsbereitschaft: Diese Menschen helfen aus Leidenschaft und zeigen den Menschen in ihrem Umfeld auf diese Art, dass sie sie lieben. Sie sind sehr aufmerksam und wissen, mit welchen Dingen sie dem Partner etwas Gutes tun können. Hier spielt auch der Gedanke der Versorgung mit hinein. Wenn jemand zum Beispiel den Nutzen seines Berufs darin sieht, der Familie ein gutes Leben zu ermöglichen. Es kommt nicht selten vor, dass gerade stillere Menschen diese Liebessprache sprechen. Sie sind eher Personen der Taten als der Worte.

Zärtlichkeit: Umarmungen und Streicheleinheiten geben diesen Menschen ein sehr gutes Gefühl. Über Berührungen fühlen sie die Qualität der Beziehung und sie drücken sie auch über Zärtlichkeiten aus. Für sie zählt eine zärtliche Berührung mehr als gesprochene Worte. Dabei geht es nicht in erster Linie um Sex, sondern um den Austausch von kleinen Zärtlichkeiten wie Umarmungen oder Küssen.

Auch wenn es sicherlich Mischformen der Liebessprache gibt, so ist doch häufig eine der fünf Sprachen dominant. Es wäre sicherlich das Einfachste, wenn dein Partner dieselbe Sprache sprechen würde wie du. So manches Missverständnis wäre leichter aus dem Weg zu räumen, einige würden wahrscheinlich gar nicht erst entstehen. Leider hat der Partner meist ein ganz anderes Liebesverständnis. Dann geht es darum, sich dessen bewusst zu werden, seine eigene Liebessprache zu kennen und besonders die Sprache des anderen zu erlernen, um auf die Bedürfnisse des Partners einzugehen.

Übung

Spricht dein Partner die Liebessprache der Anerkennung?

☐ Auf positive Worte reagiert mein Partner überschwänglich und hat vielleicht sogar Tränen in den Augen.

☐ Verletzen Sarkasmus und spitze Bemerkungen deinen Partner schwer?

☐ Mein Partner reagiert besonders heftig auf kritische Worte.

Spricht dein Partner die Liebessprache der Zweisamkeit?

☐ Mein Partner besteht darauf, viel Zeit mit mir allein zu verbringen.

☐ Bestehen die Geschenke deines Partners überwiegend aus gemeinsamen Aktionen und Ausflügen?

☐ Mein Partner reagiert sehr empfindlich, wenn ich ihm nicht genug Beachtung schenke.

Spricht dein Partner die Liebessprache der Geschenke?

☐ Bedeuten deinem Partner Symbole wie der Ehering sehr viel?

☐ Bringt dein Partner zu jedem Ereignis ein Geschenk mit und sind bei Geburtstagen und zu Weihnachten die Geschenke eines seiner großen Highlights?

☐ Macht sich dein Partner beim Verpacken viel Mühe?

☐ Fällt dein Partner dir überschwänglich in die Arme, wenn du ihm Kleinigkeiten schenkst?

Spricht dein Partner die Liebessprache der Hilfsbereit-schaft?

☐ Mein Partner bittet häufig, im Haushalt zu helfen.

☐ Mein Partner ist dankbar, wenn man etwas für ihn erledigt hat.

☐ Mein Partner sieht schnell, wenn Arbeit getan werden muss. Er ist sofort zur Stelle, wenn seine Hilfe gebraucht wird.

Spricht dein Partner die Liebessprache der Zärtlichkeit?

☐ Beklagt sich dein Partner, dass er sich dir nicht nahe fühlt?

☐ Sucht dein Partner oft Körperkontakt, möchte sich immer gerne bei dir ankuscheln?

☐ Ergreift dein Partner deine Hand, sobald ihr das Haus verlasst?

Schluss

Nun sind wir am Ende des Buches angelangt. Ich hoffe, du hast einige gute Anregungen für deine Ehe mitnehmen können. Mir war es ein großes Anliegen, dich zu ermutigen, deine volle Aufmerksamkeit deiner Familie und besonders deiner Ehe zu widmen. Denn das Beste, was wir uns selbst, unseren Kindern und unseren Partnern geben können, sind starke Ehen und ein liebevolles Miteinander.

Wissenschaftler sind sich einig, dass die Qualität der Ehebeziehung auch die Lebensqualität steigert. Menschen in einer stabilen Ehebeziehung – so fanden Forscher heraus – werden glücklicher, leben gesünder und vor allem länger und sie sind im Beruf erfolgreicher als beispielsweise Singles. Eine gute Ehebeziehung ist also für alle von Vorteil.

Einander gegenseitig zu helfen, sollte im Vordergrund stehen. Es ist unsere Aufgabe, alles dafür zu tun, dass unser Partner aufblüht, über sich hinauswächst und sich weiterentwickelt. Die Ehe ist eine so tolle und schöne Idee und wir tun gut daran, uns immer wieder zu hinterfragen, wie wir sie noch intensiver gestalten können.

Ich wünsche dir eine Ehe, die ein Leben lang hält und die jedes Jahr schöner, fester und intensiver wird.

Euer größter Fan
Jens

Über den Autor

Jens Kehlen ist mit Steffi verheiratet und sie haben eine gemeinsame Tochter. Ihnen ist es ein großes Anliegen, besonders junge Ehepaare zu stärken und zu ermutigen.

Jens ist als Pastoralreferent und als Eventredner tätig. Seine besondere Leidenschaft sind Hochzeiten, bei denen er als Trauredner viele Paare auf dem Weg in die Ehe begleitet.

www.jenskehlen.de

Quellenangaben

i   Im Internet unter https://issuu.com/schluetersche/docs/wol_2016
    _01/10?e=25375043/37289012&utm_source=Dienstleisterverzeich
    nis%20Premium-Eintrag&utm_campaign=b5268ebf5d-Wolke_7_04
    _Premium-KMU_2017-06-16&utm_medium=email&utm_term=0_
    9e51fd34a5-b5268ebf5d-121484369

ii Siehe Hochzeitsmagazin *Wolke 7.*

iii Weitere Informationen findest du im Internet unter http://www.t-
    online.de/leben/familie/erziehung/id_19898978/scheidungen-und-
    die-folgen-fuer-die-kinder.html oder https://www.urbia.de/magazi
    n/familienleben/trennung-und-scheidung/worunter-scheidungskin
    der-leiden

iv Weitere Informationen im Internet unter https://www.welt.de/
    icon/article152246194/Das-Gesicht-der-Generation-Beziehungsun
    faehig.html oder http://www.focus.de/kultur/vermischtes/michael-
    nast-darum-sind-wir-beziehungsunfaehig_id_4691877.html

v   Nachzulesen auch in *Die Welt* vom 16. 02. 2016. Im Internet unter
    https://www.welt.de/icon/article152246194/Das-Gesicht-der-Gen
    eration-Beziehungsunfaehig.html

vi Weitere Informationen dazu findest du im Internet unter http://w
    ww1.wdr.de/wissen/mensch/gemeinsam-essen-130.html   und
    http://www.t-online.de/gesundheit/kindergesundheit/id_199292
    78/familienmahlzeit-gemeinsame-mahlzeiten-sind-gesuender.html

vii Weitere Informationen findest du im Netz unter http://www.go
    feminin.de/liebe/trennungsgrunde-s2047200.html

viii Angelehnt an den Text Manuela Hartung (https://www.evidero.de
    /verzeihen-lernen).

ix Weitere Informationen dazu findest du im Internet unter
    https://www.pro-medienmagazin.de/gesellschaft/gesellschaft/201
    4/07/22/weniger-scheidungen-unter-christen-als-gedacht/